WISSEN *leicht gemacht*

WELT-
GESCHICHTE

Dr. Joachim Gartz

Compact Verlag

© 2006 Compact Verlag München
Alle Rechte vorbehalten. Nachdruck, auch auszugsweise,
nur mit ausdrücklicher Genehmigung des Verlages gestattet.
Chefredaktion: Dr. Angela Sendlinger
Redaktion: Anke Stürmlinger
Produktion: Wolfram Friedrich
Abbildungen: Lidman Productions, Stockholm;
Gruppo Editoriale Fabbri, Mailand
Titelabbildungen: Lidman Productions, Stockholm (2);
Gruppo Editoriale Fabbri, Mailand (2)
im Uhrzeigersinn: Ludwig XIV.; Delacroix: *Die Freiheit führt das Volk an*;
Höhlenmalerei (Jagdszene); Tutenchamun (Grabrelief)
Gestaltung: Axel Ganguin
Umschlaggestaltung: Hartmut Baier

ISBN-10: 3-8174-5582-8
ISBN-13: 978-3-8174-5582-9
5455824

Besuchen Sie uns im Internet: www.compactverlag.de

Inhalt

Vorgeschichte 5

Zeitliche Einordnung 5
Die Altsteinzeit 6
Die drei großen Menschengruppen 8
Die Mittelsteinzeit 9
Die Jungsteinzeit 10
Die Entstehung frühester Kulturen 10
Die Bronzezeit 12
Die Eisenzeit 13

Frühe Hochkulturen 15

Zeitliche Eingrenzung
und Periodisierung 15
Das Reich von Mesopotamien 15
Das alte Ägypten 17
Kreta und Mykene 19
Die Phönizier 21
Das alte China 22
Das alte Indien 24

Die Antike 26

Zeitliche Einordnung 26

Das alte Griechenland 27
Die Perserkriege 29
Der Peloponnesische Krieg 31
Die Perserkriege im Zeitalter
Alexander d. Gr. 32
Die Gründung Roms und die
Römische Republik 34
Die Ständekämpfe 35
Die Punischen Kriege 36
Caesar und die Zeit der
Bürgerkriege 38
Die Römische Kaiserzeit 40
Der Niedergang des Römischen
Reiches 42
Das frühe Christentum 44
Die Zeit der Völkerwanderung 45

Das Mittelalter 47

Zeitliche Einordnung 47
Das Frankenreich 50
Die Entstehung des deutschen
Reiches 53
Die Ottonen 54
Die Salier 56
Der Investiturstreit 57
Die Kreuzzüge 59
Die Staufer 61
Der deutsche Orden und
die Besiedlung Osteuropas 63
Das Interregnum und
der Niedergang des Königstumes 63

Die Reichs- und Kirchenreform	64
Die Hanse und andere Städtebünde	65
Die Reconquista	66

Die Neuzeit 67

Zeitliche Einordnung	67
Die Entdeckung Amerikas	70
Luther und die Reformation	72
Das Reich während der Reformationszeit	73
Europa im Zeitalter der Glaubensspaltung	74
Der Dreißigjährige Krieg	75
Aufklärung und aufgeklärter Absolutismus	76
Die Entwicklung Englands zum modernen Verfassungsstaat	77
Der französische Absolutismus unter Ludwig XIV. und der spanische Erbfolgekrieg	79
Die Entwicklung Osteuropas im Zeitalter Ludwig XIV.	80
Preußens Aufstieg zur Großmacht	81
Der Nordamerikanische Unabhängigkeitskrieg	82
Die Französische Revolution	83
Aufstieg und Fall Napoleons	85
Die preußischen Reformen	87
Der Wiener Kongress und das Zeitalter der Restauration	88
Die Revolution von 1848 und die Preußische Union	90
Industrielle Revolution und soziale Frage	91
Bismarck und der Weg zur Reichsgründung	92
Das Viktorianische Zeitalter in England	94
Das Zeitalter des Imperialismus	95

Das 20. Jahrhundert 97

Zeitliche Eingrenzung	97
Der Erste Weltkrieg	98
Die Russische Revolution	101
Hitlers Griff nach der Weltmacht	103
Der Zweite Weltkrieg	105
Die Volksrepublik China	106
Das Ende des Kolonialismus	107
Das Zeitalter des Kalten Krieges	108
Das Ende des Kalten Krieges und der Zusammenbruch der Sowjetunion	110
Die deutsche Wiedervereinigung	111
Der Bürgerkrieg in Jugoslawien	113

Anhang 115

Register 124

Vorgeschichte

Als Früh- oder Vorgeschichte wird im allgemeinen Sprachgebrauch jener Abschnitt der Menschheitsgeschichte bezeichnet, für dessen Erforschung sich die Wissenschaft nur auf Ausgrabungen stützen kann, da für den Zeitraum von etwa 2000000–4000 v. Chr. noch keinerlei schriftliche Überlieferungen vorliegen.

Tonstatue

Zeitliche Einordnung

Die Frühgeschichte wird in drei Epochen eingeteilt: die **Steinzeit**, die **Bronzezeit** und die **Eisenzeit**. In der Steinzeit werden Werkzeug und Waffen ausschließlich aus Stein hergestellt. Die Verwendung von Metall ist noch unbekannt. Die Steinzeit erstreckt sich hauptsächlich über das Eiszeitalter (Pleistozän), das von ca. 2,5 Millionen Jahren bis ca. 8000 v. Chr. andauert und durch häufige Klimaveränderungen geprägt ist. Diese bewirken eine ständige Anpassung und damit Weiterentwicklung der menschlichen Kultur. Die Steinzeit wird in drei Perioden eingeteilt: die **Altsteinzeit** (Paläolithikum), die **Mittelsteinzeit** (Mesolithikum) und die **Jungsteinzeit** (Neolithikum). Bei der zeitlichen Einteilung der Vorgeschichte ist es wichtig zu beachten, dass sich die Schriftlichkeit nur mit langsamer Geschwindigkeit vom Vorderen Orient ausgehend verbreitet. Die Epoche der schriftlosen Vorgeschichte reicht daher für die meisten Erdteile zeitlich weit über die Anfänge der

 Zeittafel

500000–5500 v. Chr. Alt- und Mittelsteinzeit (Alt- und Mittelpaläolithikum).
5500–2200 v. Chr. Jungsteinzeit (Neolithikum).
2200–800 v. Chr. Bronzezeit.
800–400 v. Chr. Ältere Eisenzeit (so genannte Hallstattzeit).
400–15 v. Chr. Jüngere Eisenzeit (so genannte Latènezeit).

ersten Hochkulturen im Vorderen Orient hinaus. Da die Vorgeschichte mit Abstand am besten in Europa erforscht worden ist, sind viele Bezeichnungen wie z. B. Cromagnon-Mensch mit Europa verknüpft. Die Vorgeschichte beginnt jedoch außerhalb von Europa. Von zwei Zentren gehen wichtige Entwicklungen aus. Einerseits handelt es sich um das Gebiet des heutigen Ost- und Südostafrikas. Man vermutet, dass hier im Paläolithikum die menschliche Gattung entstanden ist. Während andererseits für die Entwicklung zum **Homo sapiens**, dem Vorläufer des heutigen modernen Menschen, das Gebiet des Vorderen Orients zu nennen ist.

Cromagnon-Mensch

Australopithecus

Die Altsteinzeit

Der mit Abstand längste Zeitabschnitt der Steinzeit ist die Altsteinzeit, die vor ca. 2,5 Millionen Jahren begann. Zu diesem Zeitpunkt tauchen zwei Arten von Primaten auf, die man als die ersten Menschen bezeichnen kann: der **Australopithecus** und der **Homo habilis**. Die Australopithecinen sind vor allem auf dem afrikanischen Kontinent zu finden. Sie sind aufrecht gehende Zweibeiner und leben in erster Linie vom Sammeln von Früchten, Wurzeln und Kleintieren. Die Jagd spielt dagegen bei ihnen noch keine große Rolle.

Wenn man von den Fossilfunden ausgeht, spielt sich die gesamte Entwicklung der Menschheit bis vor etwa zwei Millionen Jahren ausschließlich auf dem afrikanischen Kontinent ab. Bis zum Homo habilis gibt es keinen einzigen Vorfahren der Menschen, der außerhalb des südlichen Kontinents gefunden wurde. Auf ihn folgt der **Homo erectus**, „der aufrechte Mensch", der sich zum ersten Mal aufmacht, um die Welt zu „erobern". Der Homo erectus ist größer als der Homo habilis und besitzt vor allem ein größeres Gehirn, das sich während seiner

Faustkeil

Anwesenheit auf der Erde nahezu verdoppelt. Auch in der Werkzeugherstellung erweist sich der Homo erectus geschickter als der Homo habilis. Die Entdeckung des Feuers vor etwa 500.000 Jahren ist sein Werk. Mit der Macht über dieses Element vermag er nun auch mit den Widrigkeiten der kälteren Klimazonen fertig zu werden.

Der Homo sapiens

Ebenfalls in die Epoche der Altsteinzeit fällt das Auftreten des Homo sapiens, der sich durch seinen aufrechten Gang und seine sprachlichen Fähigkeiten auszeichnet. Diese sind jedoch erst im Übergang zur Schriftlichkeit historisch nachweisbar geworden. Der Homo sapiens als früher Vorfahr des modernen Menschen tritt zum ersten Mal vor etwa 40.000 Jahren auf. Zur Gattung des Homo sapiens zählt man auch den zeitweilig auftretenden **Neandertaler**, der sich jedoch eher zurück- als weiterentwickelt. Er verschwindet deshalb auch relativ schnell wieder von der Bildfläche der menschlichen Evolution. Über das baldige Verschwinden des Neandertalers gibt es in der heutigen Fachwelt mehrere Theorien. Während eine Theorie von der so genannten **Neandertalstufe** spricht und damit meint, dass ein evolutionärer Schub die Neandertaler gewissermaßen über Nacht zum Homo sapiens reifen ließ, meinen andere Forscher, dass der heutige Mensch mit dem Neandertaler bei genauerer Betrachtung nur recht wenig zu tun hat und von unseren heutigen Vorfahren ziemlich rasch aus den gemeinsamen Lebensräumen verdrängt worden sein muss. Im Verlauf der letzten Jahre haben sich immer mehr Wissenschaftler einer Kombination aus beiden Theorien angeschlossen, die von einer Verschmelzung des Neandertalers mit der Gattung des Homo sapiens ausgeht.

Obwohl der Homo sapiens nicht der einzige Primat ist, der auf zwei Beinen geht – Schimpansen und Gibbons sind hierzu ebenfalls in der Lage, wenn es die Situation erfordert –, ist er der Einzige, der dies gewohnheitsmäßig und mit schreitendem Gang tut. Der Erwerb des aufrechten Ganges gilt daher neben der Verkleinerung der Eckzähne und der erheblichen Zunahme des Gehirnvolumens als Kernstück der menschlichen Evolution.

Ein weiterer Vertreter des Homo sapiens ist der nach dem Fundort in Südfrankreich benannte **Cro-**

magnon-Mensch. Er ist ein äußerst geschickter Jäger, der seine Jagdwaffen und Werkzeuge sehr präzise zu fertigen weiß. Zum ersten Mal in der Geschichte der Menschheit werden von ihm auch Siedlungen angelegt. Während die ersten Vertreter des Homo sapiens zunächst in Eurasien und Afrika beheimatet sind, findet im Anschluss die Besiedlung des nordamerikanischen Kontinents über die Behringstraße statt, die in jener Zeit noch eine geschlossene Landbrücke ist. Mittelamerika wird von den frühen Siedlungsbewegungen spätestens vor 23.000 Jahren erreicht, der südamerikanische Kontinent vor etwa 13.000 Jahren.

Die drei großen Menschengruppen

Gegen Ende der Altsteinzeit spaltet sich die Menschheit in drei große Menschengruppen. Diese werden in der Forschung mit dem geschichtlich vorbelasteten Begriff der „Rasse" bezeichnet: Es sind die **Negriden**, **Europiden** und **Mongoliden**. Die Gruppe der Negriden ist in erster Linie auf dem afrikanischen Kontinent zu finden. Die Europiden werden nochmals unterteilt in Semiten und Indogermanen. Die erste Gruppe breitet sich von der Arabischen Halbinsel zum Vorderen Orient hin aus. Die Indogermanen sind vermutlich im späteren Russland entstanden. Man spricht in der Forschung anstelle von Indogermanen auch von Indoeuropäern.

Die Indogermanen

Als Völkerfamilie lassen sich die Indogermanen weniger anhand von fossilen Funden, sondern vielmehr von der Sprache her nachweisen. Sämtliche Völker Europas, mit Ausnahme der Basken und der finnisch-ugrischen Völker, sprechen indogermanische Sprachen. Zur indogermanischen Sprachfamilie gehören die keltischen, germanischen, italischen, baltischen und slawischen Sprachen. Ausgestorben sind das Illyrische, Venetische, Thrakische, Phrygische, Hethitische, Luwische, Tocharische und Altindische. Im Gegensatz dazu gibt es heute noch die iranischen Sprachen sowie Griechisch und Armenisch.

Man vermutet zwar als Herkunftsgebiet der Indogermanen die Region zwischen Mitteleuropa und Südrussland, doch ein klar abgegrenztes indogermanisches Kernland ist unbekannt. Es wäre insofern auch verkehrt, von einer indogermanischen Ursprache auszugehen. Die

Bronzeanhä

Entstehung der indogermanischen Einzelsprachen ist weniger als Abspaltungsprozess, sondern eher aufgrund der Vermischung mit anderen Sprachelementen zu erklären. Auf jeden Fall verwenden die indogermanischen Völker bereits die Metalle Gold, Silber und Bronze als Werkstoffe.

Die Mongoliden

Aus der Gruppe der Mongoliden entwickeln sich dagegen mit Schwerpunkt in Ost- und Teilen Zentralasiens die Völker der Mongolen, Chinesen, Koreaner und Japaner. Eine Sonderstellung kommt denjenigen Mongoliden zu, welche um 21000 v. Chr. über die Landbrücke der Behringstraße zwischen Asien und Amerika dem zurückweichenden Wild in die Neue Welt folgen. Im Laufe der Zeit breiten sie sich als Indianer über den gesamten Kontinent aus. Ihre weitere Entwicklung vollzieht sich weitgehend getrennt von der übrigen Menschheit. Mit den mexikanischen Mayas und Azteken sowie den Inkas in Peru und Bolivien erreichen einige Indianervölker zweifellos das Entwicklungsniveau von Hochkulturen.

Die Mittelsteinzeit

Bedingt durch die allmähliche Klimaerwärmung, die von etwa 10000–8000 v. Chr. stattfindet, werden die Jäger und Sammler der Altsteinzeit zunehmend sesshaft. Sie beginnen mit dem Anbau von Nutzpflanzen und dem Halten von Tieren. Auf diese Weise werden die Voraussetzungen für die Entwicklung größerer Siedlungen geschaffen. Der Beginn der Mittelsteinzeit liegt in Mesopotamien, Ägypten und Südeuropa um 10000 v. Chr.; das Ende der Mittelsteinzeit liegt um 5000 bzw. 4000 v. Chr. Die Ernährungsgrundlage bilden in erster Linie die Jagd und die Fischerei. Da das Meer eine wichtige Nahrungsquelle darstellt, werden in Europa hauptsächlich die Küsten besiedelt. Ein weiteres wichtiges Merkmal dieser Epoche ist die Bearbeitung des **Feuersteins**. Andere bedeutende technische Neuerungen sind Beile und Querbeile.

Das Auftauchen von Waffen weist auf die zunehmende Anzahl von gewaltsamen Auseinandersetzungen hin. Die in der Mittelsteinzeit deutlich werdende Aufteilung der Menschheit in einige wenige Großgruppen bleibt grundsätzlich bis in die Neuzeit hinein erhalten. Die Euro-

Feuerstein

piden sind in den gemäßigten und subtropischen Zonen der Alten Welt ansässig. Die Mongoliden haben ihre Heimat in den subarktischen und arktischen Gebieten der Alten und Neuen Welt. Die Negriden findet man dagegen hautsächlich in Afrika vor allem südlich der Sahara. Erst die zu Beginn der Neuzeit erfolgende Ausdehnung der Einflussbereiche der europäischen Mächte verändert diese jahrtausendealte Bevölkerungsverteilung. Die so genannte europäische Expansion führt zu einer häufig von gewaltsamen Konflikten begleiteten Begegnung und Vermischung unterschiedlicher Menschengruppen.

Die Jungsteinzeit

Nach dem Ende der letzten Eiszeit um etwa 8000 v. Chr. entfaltet sich in der Jungsteinzeit in hohem Maße Ackerbau und Viehzucht, gekoppelt mit einem raschen Bevölkerungszuwachs sowie der Entwicklung umfangreicher Handelsbeziehungen. Man spricht deshalb auch von der so genannten **neolithischen Revolution**. Mit der Zähmung des Pferdes verschärft sich zudem der uralte Konflikt zwischen sesshaften Ackerbauern und Vieh züchtenden Nomaden. In der Landwirtschaft sind grundsätzlich zwei Nutzungsarten zu unterscheiden: Bodenfrüchte werden entweder oberirdisch oder unterirdisch angebaut. Der oberirdische Anbau erfolgt zunächst im Vorderen Orient in Form von Weizen, Gerste, Erbsen, Oliven, Weinbau und Obstbäumen. Er verbreitet sich im Laufe der Zeit in westlicher Richtung nach Europa und Nordafrika, sowie im Osten nach Nordindien und Nordchina. Unterirdische Anbaumethoden werden dagegen

! Zeittafel

Um **8000 v. Chr.** Ende der letzten Eiszeit, Austrocknung der Sahara.
Ca. **7000 v. Chr.** Älteste stadtähnliche Siedlung in Jericho.
Ab ca. **6000 v. Chr.** Verwendung von Kupfer, Keramik, Weberei, Rinder- und Schweinezucht.
Ab ca. **5000 v. Chr.** Verwendung von Kupferguss und Flachs.
Ab ca. **4000 v. Chr.** Töpferscheibe, Wagen mit Rad, Pflug, Esel.

zuerst in Teilen Südostasiens mit verschiedenen Arten von Knollenfrüchten praktiziert.

Die Entstehung frühester Kulturen

Landwirtschaft wird zunächst nur als Regenfeldbau betrieben und dient lediglich dem Erhalt der eigenen Existenz. Man spricht in diesem Fall von **Subsistenzwirtschaft**. Mit der Kultivierung großer Flussoasen beginnt eine neue Phase des Ackerbaus, die auf künstlicher Bewässerung beruht und zu erheblichen Ernteüberschüssen führt. Die ersten Zentren des Übergangs zu landwirtschaftlichen Produktionsformen entstehen nach dem bisherigen Forschungsstand im so genannten **Fruchtbaren Halbmond**, also an den Rändern Mesopotamiens. Sesshaftigkeit und Landwirtschaft sind die wichtigsten Merkmale einer neuen Lebensweise. Ernteüberschüsse werden erstmals in Speichern und Tongefäßen für längere Zeiträume haltbar gemacht. Damit wird die Ernährung größerer Menschenansammlungen innerhalb geschlossener Siedlungsverbände möglich. Unter dem Druck der fortschreitenden Austrocknung der Sahara entstehen künstlich bewässerte Siedlungsgebiete im unteren Niltal. Durch die Wanderungsbewegungen der Siedler breitet sich die Landwirtschaft über Kleinasien und Griechenland die Donau aufwärts nach Europa aus. Die Jungsteinzeit liefert somit die Grundlage für die sich zuerst im Vorderen Orient erhebenden frühen Hochkulturen. Bedingt durch die erstmals erwirtschafteten Ernteüberschüsse entwickelt sich in dieser Epoche auch der erste Berufsstand: Fahrende Händler bieten überschüssige Produkte bei anderen Nomaden- oder Viehzüchtergruppen an, wodurch gleichzeitig auch neue Informations- und Kommunikationswege entstehen. Allerdings wird diese Entwicklung insgesamt jeweils nur von einzelnen Nomadenstämmen vollzogen. Noch um die Zeit zu Christi Geburt sind etwa die Hälfte aller Menschen Jäger- und Sammler.

Die Megalithkultur

Die so genannte **Megalithkultur** breitet sich während der Jungsteinzeit in Spanien, Frankreich, England, Irland, der Schweiz sowie in Teilen Italiens aus. Der Name leitet sich davon ab, dass in jener Zeit Steinsäulen, Steinkreise und Steinreihen, welche durch bisweilen riesige aufrecht stehende Steine, so genannte Menhire (frz.-bret. „langer Stein"), gebildet werden; daneben findet man auch Megalithgräber (von griech. mégas „groß" und líthos „der Stein"). Megalithmonumente dienen zu

Ackerbau im Alten Ägypten

Großsteinbauten von Carnac

kultischen Zwecken, astronomischen Berechnungen und als Denkmäler für herausragende historische Ereignisse. Das zweifellos berühmteste Beispiel sind die Steinkreise von **Stonehenge** im Südwesten Englands, die eines der bedeutendsten vorgeschichtlichen Baudenkmäler Europas darstellen. Das Baudenkmal von Stonehenge besteht aus vier konzentrischen Steinkreisen, deren äußerster Kreis einen Durchmesser von 30 Metern hat. Die Anlage wurde vermutlich in früherer Zeit zu astronomischen Zwecken verwendet. In der Umgebung von Stonehenge wurden darüber hinaus noch rund 400 Hügelgräber und Erdwerke gefunden. Ein weiteres Beispiel der Megalithkultur sind die Großsteinbauten von Carnac in der heutigen Bretagne. Nahezu 3000 Menhire, Dolmen und Grabhügel befinden sich in elf parallelen Reihen angeordnet. Die Steinalleen von Kerelescant, Menec und Kermario erstrecken sich auf einer Länge von insgesamt vier Kilometern. Über den genauen Zweck der ca. 2000 v. Chr. entstandenen keltischen Kultstätte herrscht in der Forschung allerdings immer noch Unklarheit.

Die Bronzezeit

In der Bronzezeit wird der Stein durch Bronze als wichtigster Werkstoff verdrängt. In Ostasien ist Bronze vermutlich bereits um 4500 v. Chr. bekannt, während man die europäische Bronzezeit auf die Zeitspanne zwischen 3000–1000 v. Chr. ansetzt. Hochkulturen der frühen Bronzezeit sind die **sumerische Kultur** und die **Akkad-Kultur** in Vorderasien sowie die **babylonische Kultur** in der mittleren Bronzezeit. Herausragende Beispiele für Hochkul-

Kleiner Bär aus Bernstein

turen der späten Bronzezeit bis ca. 1200 v. Chr. sind die **minoische Kultur** auf der Insel Kreta und die **mykenische Kultur** im Nordosten der Peloponnes in Griechenland.

Ab etwa 1700 v. Chr. kommt es zur Herausbildung von bedeutenden Bronzekulturen im europäischen Raum, die sich zunächst vor allem um Bergbaugebiete herum entwickeln. Mit Hilfe des in Jütland und Samland gefundenen Bernsteins werden Tauschgeschäfte durchgeführt. Die Toten werden zu Beginn der Bronzezeit vorwiegend in Hockergräbern begraben. In der mittleren Bronzezeit geht man dann dazu über, die Verstorbenen zu verbrennen.

Eine der wichtigsten Kulturen der frühen Bronzezeit ist die **Aunjetitzer-Kultur**, die in Mitteldeutschland, Böhmen und Niederösterreich zu finden ist. Bekannt sind vor allem die so genannten **Fürstengräber** Mitteldeutschlands. In der mittleren Bronzezeit entwickelt sich dann die **Hügelgräber-Kultur**. Sie zeichnet sich dadurch aus, dass die Toten, wobei es sich vermutlich nur um die Angehörigen der Oberschicht handelt, unter Grabhügeln zusammen mit Schmuck und Waffen beerdigt werden.

Ab etwa 1300 v. Chr. entsteht die **Urnenfelder-Kultur**. Die Toten werden verbrannt. Ihre Asche wird auf großen Friedhöfen – Urnenfeldern – beigesetzt. Die Urnenfelder-Kultur verbreitet sich von der mittleren Donau nach Süden, entlang der Donau nach Böhmen und Polen sowie nach Westfrankreich, Mittelitalien und Nordspanien. Die Ausbreitung der Urnenfelder-Kultur nach Süden führt zum Ende der mykenischen Kulturzentren und der spätminoischen Kultur auf der Insel Kreta sowie zum Einfall der so genannten Seevölker in Ägypten.

Die Eisenzeit

Innerhalb dieses Abschnitts der Frühgeschichte tritt das Eisen als wichtigster Werkstoff an die Stelle von Bronze. Die **europäische Eisenzeit** wird nach dem Gräberfeld im Salzkammergut auch als **Hallstattzeit** bezeichnet. Der Beginn der Eisenzeit wird für Europa auf ca. 700 v. Chr. angesetzt. Der entscheidende Vorteil von Eisen gegenüber Bronze liegt in der leichteren Verfügbarkeit der Erze, aus denen es gewonnen wird. Allerdings wird in Europa erst im 14. Jh. die Technik des Eisenschmelzens bekannt. Eisen wird vor allem für schwere und landwirtschaftliche Geräte verwendet, während Bronze weiterhin zu Verzierungszwecken oder für Kessel und Beschläge zum Einsatz kommt. Zunehmende Bedeutung gewinnt im Verlauf der Eisenzeit auch der **Salzbergbau**.

Archaische Bestattungsriten

Die damaligen Lebensumstände lassen sich vor allem anhand von Grabfunden nachvollziehen. Sie lassen auf weit gespannte Handelsbeziehungen schließen, die teilweise auch schon mit einem beachtlichen Wohlstand einhergehen. Grabstätten und so genannte Moorleichen, also im Moor konservierte Leichname, zeugen von ausgeprägten religiösen Kulten. In China wird bereits um 600 v. Chr. Eisen geschmolzen, womit man den Europäern wieder einmal um mehrere Jahrhunderte voraus ist. Zahlreiche Waffenfunde, zu Festungen ausgebaute Ortschaften sowie nicht zuletzt die Vollendung der Chinesischen Mauer zeugen davon, dass in jener Epoche das Leben stark vom Krieg beherrscht wird. In der jüngeren Eisenzeit vollzieht sich der Übergang von der **Urnenfelder-Kultur** zur Körperbestattung. Die Verstorbenen werden unter Grabhügeln auf einem Wagen beigesetzt. Aus heutiger Sicht befremdlich erscheint der vermutlich unter skythischem Einfluss entstandene Brauch, dass die Frauen oder Diener nach dem Tod des Gatten oder Herren ebenfalls getötet und mit ihm beerdigt wurden. Den Höhepunkt der Eisenzeit markiert die **La Tène-Kultur**, die von den Skythen, Griechen und Etruskern beeinflusst wird. Ihre Träger bringen die städtische Kultur nach Böhmen, zu den Britischen Inseln sowie auf die Iberische Halbinsel also dem heutigen Spanien und Portugal.

Frühe Hochkultur

Die durch schriftliche Quellen nachweisbare Geschichte beginnt mit dem Aufstieg Ägyptens und Mesopotamiens ca. 3100 v. Chr. zu Hochkulturen. Weitere Hochkulturen bilden sich später am Indus ca. 2600 v. Chr. und Hoang-ho (Gelben Fluss) ab 1523 v. Chr. sowie ab ca. 1000 v. Chr. in Amerika. Mit den Hochkulturen von Ägypten und Mesopotamien zeichnet sich bereits die auch für spätere Hochkulturen typische Kombination von Hochkultur und Großreich ab.

Stierkopf aus Mesopotamien

Zeitliche Eingrenzung und Periodisierung

Erste Schriftlichkeit und klar gegliederte Staats- und Gesellschaftsstrukturen bilden die Grundlage zur später schriftlich festgehaltenen Geschichte von Staat und Gesellschaft, die wesentlich von der Auseinandersetzung zwischen sesshaften Bauern und Nomaden aus Wüste und Steppe geprägt ist. Ägypter, Sumerer und Inder führen im 3. Jt. v. Chr. die Architektur und Bildhauerkunst zu einer ersten Hochblüte. China erlebt in den zwei Jahrtausenden bis zum Beginn der Kaiserzeit 206 v. Chr. eine Zeit der Zerrissenheit und Kriege. Die kulturellen Leistungen in Kunst und Handwerk erreichen dennoch nach 1500 v. Chr. einen in der Welt einzigartigen Höhepunkt. Eine weitere Hochkultur stellt von ca. 2500–1500 v. Chr. die **Harappa-Kultur** in Indien dar. Sie zeigt bereits ein hochmodernes Staatswesen, in dem sich schon damals die Abgrenzung verschiedener Bevölkerungsgruppen durch das Kastensystem entwickelt.

Das Reich von Mesopotamien

Die griechische Übersetzung für „das Land zwischen den Flüssen" beschreibt eine Landschaft in Nahost zwischen Euphrat und Tigris, die im heutigen Irak und zum Teil auch in der Türkei und Syrien liegt. Hier soll die menschliche Zivilisation ihren Ursprung gehabt haben. Allgemein wird **Sumer** als die Wiege der Zivilisation, **Akkad** als der erste Nationalstaat und **Assyrien** als die erste Militärmacht bezeichnet.

Die Sumerer wandern als ältestes geschichtlich erfassbares Volk im 4. Jt. v. Chr. in den Süden Mesopotamiens ein und entwickeln im 3. Jt. v. Chr. die ersten Stadtstaaten. Neben den Sumerern werden auch semitische Völker in Mesopotamien sesshaft: Die Akkadier, Amoriter und Assyrer wetteifern mit den Hethitern, Babyloniern, Elamiten und Medern in den folgenden Jahrhunderten um die Vorherrschaft in Mesopotamien. Die semitischen Zentren Assur, Ninive und Babylon halten sich mit wechselndem Einfluss bis zur Mitte des 1. Jt. v. Chr.

Nach dem Untergang des Assyrerreichs gerät das Zweistromland im Jahre 539 v. Chr. unter die Herrschaft der Perser, die es in ihr Weltreich eingliedern. Doch schon bald fallen große Teile an die Griechen und schließlich an die Parther. In den ersten Jahrhunderten n. Chr. steht Mesopotamien dann zeitweise unter römischer Herrschaft, bevor es im 7. Jh. endgültig von den Arabern erobert wird.

Die bedeutendste literarische Schöpfung des Zweistromlandes ist das *Gilgameschepos*. Es ist zugleich das erste niedergeschriebene literarische Werk der Menschheit überhaupt. Es handelt sich

! Zeittafel

Um **4000 v. Chr.** Erfindung des Rades.
Um **3500 v. Chr.** Bau der ersten Städte.
Um **3400 v. Chr.** Erfindung der Schrift durch die Sumerer.
Um **3300 v. Chr.** Entwicklung der Mathematik durch die Sumerer.
Um **3000 v. Chr.** Weiterentwicklung der Keilschrift.
Um **2900 v. Chr.** Entwicklung von Metallwaffen.
Zwischen **2600–1900 v. Chr.** Aufstieg der sumerischen Stadtstaaten.
1894–1550 v. Chr. Herrschaft der ersten Dynastie von Babylon.
1742–1460 v. Chr. Herrschaft des alten Hethiterreichs.
Um **1500 v. Chr.** Aufstieg des Assyrerreichs.
Um **1400 v. Chr.** Herstellung von Messing und Münzen.
1460–1200 v. Chr. Herrschaft des Hethiterreichs.
Um **700 v. Chr.** Ninive wird Hauptstadt von Mesopotamien.
Um **700 v. Chr.** Babylonier definieren die Tierkreiszeichen.
Von **700–600 v. Chr.** Die Assyrer zerstören Babylon und das Neubabylonische Reich wird aufgebaut.
Um **540 v. Chr.** Mesopotamien wird Teil des persischen Weltreichs.

Amun-Tempel von Karnak

um in Tontafeln gedrückte Zeichen. Sämtliche Tafeln befinden sich heute im Britischen Museum.

Schon gewusst?

Der Ursprung der beiden Flüsse Euphrat und Tigris liegt auf türkischem Boden. Beide fließen, nachdem sie Ost- und Südostanatolien durchquert haben, durch Syrien und den Irak, wo sie weiteres Wasser aus Nebenflüssen sammeln, um dann schließlich den Fluss Schat-ül Arab zu bilden. Unter seinem Namen münden sie schließlich gemeinsam in den persischen Golf.

Das alte Ägypten

Ägypten bedeutet so viel wie „Geschenk des Nils". Seinen Reichtum und seine Fruchtbarkeit verdankt das Land tatsächlich vor allem dem Strom, der alljährlich zwischen Juli und Oktober fruchtbaren Schlamm mitführt, mit dem der Boden bewässert wird. Im Verlauf von gut zwei Jahrtausenden seiner Rolle als Großmacht entfaltet das alte Ägypten eine rege Bautätigkeit, wie die noch heute erhaltenen Pyramiden von Giseh und die prachtvollen Tempelanlagen von Karnak eindrucksvoll belegen. Das alte Ägypten lässt sich in drei größere Epochen einteilen: in das Alte Reich 2850–2052 v. Chr., das Mittlere Reich 2052–1570 v. Chr. und in das Neue Reich 1570–715 v. Chr. Der letzte große Pharao des Neuen Reiches ist **Ramses III.** (1184–53 v. Chr.). Seine Nachfolger können den allmählichen Verfall der Königsmacht jedoch nicht mehr aufhalten. Libyer, Assyrer und schließlich vor allem die Perser bedrängen das durch seine enormen Bautätigkeiten erheblich geschwächte Reich bis zu seinem Zusammenbruch. Als Folge dieser

Entwicklung wird Ägypten schließlich 30 v. Chr. in das Imperium Romanum eingegliedert.

Bereits in der Jungsteinzeit werden die Kulturen der Merimden, Faiyumi und Omari in Unterägypten sesshaft. Nachdem sich im oberen Ägypten die Tasai und Negadi nach mehreren Kriegen geeinigt haben, schließen sich beide Landesteile zu einem zusammen. Der innere Frieden, der mit der Bildung des Staates einhergeht, ermöglicht die Entwicklung der Schrift sowie des Kalenders. Gleichzeitig entsteht damit eine erste umfassende Verwaltungshierarchie.

Die ägyptischen Pharaonen

Die ägyptischen Könige, für die sich das hebräische Lehnwort Pharao einbürgert, regieren zuerst von verschiedenen Orten aus. Während der **3. Dynastie** gelangt man schließlich zu einer einheitlichen Lösung: **Pharao Djoser** (um 2609–2590 v. Chr.) bestimmt Memphis zur ständigen Hauptstadt. Das Reich wird in einzelne Verwaltungsteile, so genannte Gaus, gegliedert und von Memphis aus mit straffen Zügeln regiert.

Der König gilt innerhalb der **4. Dynastie** (ab 2570 v. Chr.) als Gott, welchem mit den riesigen Pyramiden königliche Grabstätten errichtet werden. In der **5. Dynastie** (ab 2450 v. Chr.) rückt dann die Verehrung des Sonnengottes in den Vordergrund, als dessen Sohn der jeweilige König verehrt wird. Im Gegenzug taucht der Kult des Osiris als Friedensgott und Totenherrscher auf, mit dem der König nach seinem Tod dem Kult zufolge wesensgleich sein soll.

Bereits mit dem Ende der **6. Dynastie** (bis 2169 v. Chr.) zerbricht das Alte Reich und Mentu-hotep II. wird zum Gründer des so genannten Mittleren Reichs. Während der Phase der **13.** und **14. Dynastie** wird die Einheit Ägyptens allerdings erneut durch schwache Könige gefährdet, sodass asiatische Eroberer in das Land eindringen, die das Pferd und den Streitwagen bekannt machen. Schließlich gründet **Fürst Ahmose** (Amosis I., 1579–1546 v. Chr.) nach siegreichem Kampf die **18. Dynastie** des Neuen Reiches aus seinem Fürstengeschlecht. Die folgenden Dynastien sind verschiedener Herkunft bis erneut fremde Eroberer wie die Perser in Ägypten die Macht ergreifen.

Kleopatra, Münze

Schon gewusst?

Der Ursprung der ägyptischen Religion ist nicht mit absoluter Genauigkeit bestimmbar, da man die verschiedenen Systeme wie die „große Neunheit von Heliopolis" oder die „große Achtheit von Hermopolis" nicht eindeutig bis zu ihren Wurzeln zurückverfolgen kann. Aus heutiger Sicht erscheint die ägyptische Götterwelt ungewöhnlich vielschichtig und verwirrend. Sie besteht in ihrer Frühzeit zunächst vorwiegend aus tierischen Orts- und Stammesgottheiten, an deren Stelle später menschliche Götter treten, die zum Teil noch einen Tierkopf besitzen. Durch unzählige Eroberungen übernehmen die Ägypter von den jeweils besiegten Völkern diverse Gottheiten in ihre eigene Religion. Zudem bringen die Assyrer, Griechen und Römer bei ihren Eroberungen ebenfalls Gottheiten mit, die ebenso in die ägyptische Religion einbezogen werden. Zahlreiche Gottheiten verschiedener Religionen werden im Rahmen dieser Entwicklung in Ägypten im Laufe der Zeit miteinander gleichgesetzt und verschmelzen miteinander. So kommt es, dass oftmals mehrere Namen für die jeweiligen Gottheiten existieren.

Mit **Alexander d. Gr.** (356–323 v. Chr.) gelangt die makedonische Ptolemäer-Dynastie auf den Thron Ägyptens und nach den Geschehnissen zwischen **Cäsar** (100–44 v. Chr.) und **Kleopatra** (69–30 v. Chr.), die im 20. Jh. oftmals verfilmt wurden, geht die Macht nach dem Tode Kleopatras VII. auf das Römische Reich über: Ägypten wird offiziell zur römischen Provinz. Bei der Reichsteilung 395 n. Chr. fällt das inzwischen christianisierte Ägypten an das Oströmische Reich, unter dessen Herrschaft es bis ins 7. Jh. hinein bleibt.

Kreta und Mykene

Zur Zeit der Zerstörung von Troja um 2200 v. Chr. erlebt die minoische Kultur auf Kreta – benannt nach dem sagenhaften König Minos, der in seinem Palast, dem Labyrinth, lebt – ihre Blütezeit. Kreta gelingt es, während der so genannten zweiten Palastzeit 1570–1425 v. Chr. mit Knossos als Zentrum die erste historisch fassbare Form einer Seeherrschaft auszubilden. Mit der Zerstörung des Palastes von Knossos um 1425 v. Chr. während eines Aufstandes der kretischen Bevölkerung läuft jedoch das auf dem nordöstlichen Peloponnes gelegene Mykene Kreta den ersten Rang ab. Durch Mykene wird daher endgültig die

Palast von Knossos, Kreta

achäische Herrschaft auf der Insel eingeführt. Die mykenische oder **späthelladische Kultur** erstreckt sich von ca. 1600–1100 v. Chr. Neben Mykene werden u. a. Pylos, Theben und Athen zu bedeutenden griechische Machtzentren. Die Insel Kreta ist grundsätzlich bereits seit der Jungsteinzeit besiedelt. Die eigentliche minoische Kultur entsteht jedoch erst gegen Mitte des 3. Jt. v. Chr. Träger dieser Kultur ist ein Volk, das von Landarbeit, Handwerk, Fischerei und Seefahrt lebt. Schon in der **frühminoischen Periode** (um 2600–2000 v. Chr.) ist Kreta verhältnismäßig dicht besiedelt.

Während der **mittelminoischen Periode** 2000–1600 v. Chr. entstehen die ältesten Palastbauten von Knossos, Phaistos und Mallia, die aus einem Komplex von Stockwerkanlagen, die um einen großen Mittelhof angeordnet sind, bestehen. Sie dienen nicht nur als Residenz von Herrschern mit priesterlichen Funktionen, sondern auch der Verwaltung, dem Warenaustausch, dem Gewerbe und als Lebensmittelmagazine.

Mit seiner schlagkräftigen Flotte und aufgrund seiner durch den Handel mit der Ägäis, Ägypten und dem Vorderen Orient erzielten Reichtümer bildet Kreta seit der ersten Hälfte des 2. Jt. v. Chr. das wichtigste kulturelle Zentrum im östlichen Mittelmeerraum. Bemerkenswerterweise besitzen weise Frauen im höfischen Leben dieser Kultur als Priesterinnen eine sehr hohe gesellschaftliche Stellung.

Aufgrund archäologischer Funde wissen wir heute, dass die Minoer bereits in früher Zeit eigene Schriften besitzen. Die Entwicklung der Schrift ermöglicht die ersten Ansätze zur Errichtung eines bürokratischen Systems. Neben Bilderschriften kommen mindestens zwei so genannte Linearschriften zur Anwendung. Die ältere der beiden, Linear A, stammt aller Wahrscheinlichkeit nach von den

Keilschrift

Minoern selbst und ist bereits um 1750 v. Chr. weit verbreitet. Sie lässt sich bis heute nicht vollständig entziffern. Die jüngere Schriftart, das mykenische Linear B, gelangte vermutlich mit den Mykenern nach Kreta.

Der Untergang der minoischen Kultur

Der Untergang der minoischen Kultur wird durch Flut- und Erdbebenkatastrophen wie den Vulkanausbruch des Santorin um 1500 oder 1470 v. Chr. eingeleitet und durch die kriegerische Inbesitznahme der Insel durch die mykenischen Heerfürsten um 1400 v. Chr. besiegelt. Nach der Katastrophe existiert lediglich noch das alte Zentrum Knossos unter achäischer Herrschaft weiter. Die minoische Kultur nimmt in der Folgezeit immer mehr die Wesenszüge der mykenischen Kultur an und lebt in dieser Form noch bis zum Einfall der Dorer um 1200 v. Chr. weiter. Die gewaltigen, von kyklopischen Mauern umgebenen Herrenburgen von Mykene und Tiryns zeugen noch heute von der Macht der mykenischen Herrscher. Nach kretischem Vorbild sind die rechteckigen Königshallen im Innern mit Fresken ausgeschmückt. Die Toten werden in Kuppelgräbern, die aus überragenden Steinen bestehen, bestattet. Im Rahmen der berühmten Ilias-Dichtung lebt die Erinnerung an die Macht der mykenischen Fürsten in literarischer Form fort.

Die Phönizier

Eine weitere bedeutende frühe Hochkultur entsteht mit den Phöniziern, die in einer Reihe einzelner Stadtstaaten im fruchtbaren Küstenstreifen Syriens angesiedelt sind. Der Name Phönizier leitet sich vom griech. phoinike (Purpurland) ab. Bei Homer werden sie Sidonier genannt. Die Herkunft der Phönizier ist nicht eindeutig geklärt. Vermutlich wan-

Ruinen von Byblos

dern sie gegen Ende des 3. Jt. v. Chr. in Syrien ein. Einige der phönizischen Stadtstaaten bleiben lange unter dem Einfluss Ägyptens, doch der so genannte **Seevölkersturm**, der um 1200 v. Chr. die Macht der Großreiche bricht, ermöglicht es den phönizischen Stadtstaaten, schließlich eigenständig zu werden.

Vermutlich sind die Phönizier die ersten Menschen, denen es gelingt, den afrikanischen Kontinent vollständig zu umsegeln. Aufgrund ihrer günstigen geografischen Ausgangsposition entwickeln sie sich schon bald zur führenden See- und Handelsmacht im Mittelmeerraum. Sie durchqueren nicht nur die Meerenge von Gibraltar und fahren hinaus in den Atlantik, sondern gründen auch eine Vielzahl von Handelsniederlassungen auf Sizilien und Malta sowie in Spanien und Nordafrika. Im 8. Jh. v. Chr. müssen die Phönizier ihre Seeherrschaft jedoch an die Griechen abgeben. Phönizien wird zwar dem persischen Weltreich einverleibt, doch die nunmehr persischen Städte bleiben bedeutende Handelszentren. Erst nach der Zerstörung der Stadt Tyros durch Alexander d. Gr. im Jahre 332 v. Chr. wird Phönizien politisch und handelspolitisch endgültig bedeutungslos. Etwa drei Jahrhunderte später, im Jahre 64 v. Chr., wird es gemeinsam mit Syrien zur römischen Provinz. Lediglich Phöniziens ehemalige Kolonie Karthago bleibt noch eigenständig, ehe sie von den Römern im Jahre 146 v. Chr. vollständig zerstört wird.

Das alte China

Anhand von archäologischen Funden lässt sich zweifelsfrei nachweisen, dass bereits im 3. Jt. v. Chr. mit der **Yangshao-Kultur** in China eine frühe Hochkultur existiert. Laut einer chinesischen Überlieferung stammt das chinesische Volk aus dem Tal des Flusses Huang He, was so viel bedeutet wie Gelber Fluss. Die Legende rankt sich um einen Schöpfer namens P'an Ku, dessen Nachfolger verschiedene himmlische, irdische und menschliche Herrscher gewesen sein sollen. Die Archäologen konnten sich dieser These bislang nicht anschließen, obwohl tatsächlich Überreste des **Homo erectus** in der Nähe von Peking gefunden wurden. Die Fundstücke haben ein errechnetes Alter von bis zu 460.000 Jahren. Im östlichen China kennt man bereits ab etwa 5500 v. Chr. den Reisanbau und nur fünf Jahrhunderte später entwickeln sich im Tal des Huang He bereits die ersten landwirtschaftlichen Strukturen. Die Existenz zweier Tonkulturen wird ebenfalls vermutet: Die Periode der Yangshao-Kultur dauert etwa

Chinesische Porzellanvase

von 3950–1700 v. Chr., während die **Lungshan-Kultur** zwischen 2000–1850 v. Chr. existiert.
Der Überlieferung nach bildet die frühe **Hochkultur der Hsia** von 1994–1766 v. Chr. die erste chinesische Dynastie. Sie lässt sich jedoch nicht anhand von archäologischen Funden belegen. Die erste definitiv belegbare Dynastie bildet diejenige der **Shang** vom 15.–11. Jh. v. Chr., die seit dem 11. König als **Yin-Dynastie** bezeichnet wird. Von nun an schwankt China permanent zwischen Einheit als eigentlichem Ideal seiner staatlichen Existenz und Zwischenzeiten, in denen die Herrschaft in kleinere Einheiten politisch geteilt ist. Die archäologischen Funde deuten auf eine ausgebildete Bronzekunst sowie eine über 2000 Worte umfassende Schriftsprache hin. Neben dem Reisanbau gehören Seide, Porzellan und später Tee zu den besonderen Erzeugnissen Chinas, die später zu wichtigen Handelsprodukten werden. Im Rahmen der Shang- oder Yin-Dynastie besitzen die Priester offenbar einen sehr großen Einfluss und fungieren auch als weltliche Herrscher. Nach dem Ende eines erbitterten Krieges zwischen den chinesischen Einzelstaaten, die zu einer tyrannischen Herrschaft im 3. Jh. v. Chr. führen, kommt es im Jahre 210 v. Chr. zu Aufständen, in deren Verlauf sich 206 v. Chr. die **Han-Dynastie** durchzusetzen vermag. Während ihrer Herrschaftsperiode entwickelt sich China zu einem zentralistischen Beamtenstaat und der Konfuzianismus wird als offizielle Ideologie eingeführt. Ihr Begründer ist Konfuzius, der mit seiner religiös vertieften Lehre an den menschlichen Willen zur Sittlichkeit und Humanität appelliert. Um den Konfuzianismus zu einer umfassenden Staatsideologie zu entwickeln, werden auch andere philosophische Richtungen und Glaubensauffassungen in sein Gedankengebäude integriert.

Der Aufstieg zum Weltreich

Unter **Kaiser Wudi** wird von 141–87 v. Chr. das „Reich der Mitte" zum Weltreich und auf den Seidenstraßen blüht der Handel mit Zentralasien. Nach dem Interregnum des Kaisers **Wang Mang** von 9–23 wird im Jahre 25 die spätere Han-Dynastie wiederhergestellt. In der Folgezeit findet auch der indische Buddhismus seinen Weg nach China. Als im Jahre 220 Tsao' Pei den letzten Han-Kaiser zur Abdankung zwingt, zerfällt das riesige Großreich. Vom Sieger wird die **Wei-Dynastie** errichtet. Daneben etablieren sich jedoch im Südwesten die **Shu-Dynastie** (221–263) und die **Wu-Dynastie** (222–280) im Südosten, sodass es zu wiederholten kriegerischen Auseinandersetzungen zwischen den drei Königreichen kommt. Im Jahre 265 erobert General Ssu-ma Yen den Thron der Wei-Dynastie und errichtet die westliche **Jin-Dynastie** (265–317) in Nordchina. Bis 280 gelingt es ihm, den Norden und Süden unter seiner Herrschaft zu vereinigen. Nach seinem Tod im Jahr 290 v. Chr. zerfällt das Reich allerdings abermals, um erst mehrere Generationen später, unter dem **Herrscherhaus der Sui**, in den Jahren 589–618 v. Chr. erneut wieder vereinigt zu werden.

Das alte Indien

Die Inder bilden gemeinsam mit den Chinesen für eine lange Epoche der Weltgeschichte die zivilisatorisch am höchsten entwickelten Völker. Während in China das Ideal des zentralistisch regierten Einheitsstaates propagiert wird, bleibt Indien ohne übergreifende politische Strukturen. Familien-, Dorf- und Kastensysteme treten an ihre Stelle. Die Vereinigung des gesamten Subkontinents gelingt stets nur in Form von einzelnen Episoden, die zu keiner organischen Staatsentwicklung führen. Der Übergang zur Hochkultur vollzieht sich zunächst am unteren Indus um etwa 2600 v. Chr. durch den Kontakt mit Sumer in Form von Handelsverbindungen über den Persischen Golf und über das ostiranische Bergland. In der **Induskultur** finden sich ebenso Elemente der bäuerlichen Kultur wie der städtischen Zivilisation, wobei vermutlich die ausgegrabenen Städte Daro und Harappa als politische Zentren dienen. Bereits in dieser frühen Zeit entwickelt sich in Indien eine hohe Kunst der Baumwollverarbeitung. Um 1500 v. Chr. erfolgt die Einwanderung der Arier (Arya) aus dem Nordwesten in die Gangesebene. Mit ihren pferdebespannten Streitwagen sind die Arier den Ureinwohnern überlegen und dringen in der spätvedischen Zeit von 1000–600 v. Chr. bis Delhi vor.

Die heiligen Schriften der Veden

Die im Sanskrit verfassten Veden sind das älteste heilige Schrifttum der Menschheitsgeschichte. Ihre Interpretation erfolgt durch Priester als eine Art vorwissenschaftliche Wissenschaft. Im Mittelpunkt der vedischen Schriften steht das Verlangen nach mystischer Einheit mit der höchsten Wirklichkeit. Zugleich kommt es zur Ausbildung der Kastenordnung in Krieger, Priester, Bauern, Unterworfene und Mischlinge sowie Kastenlose. **Gautama Buddha** (ca. 560–468 v. Chr.) verkündet die Erlösung vom Leiden der Wiedergeburt durch den achtfachen Weg der Selbstvervollkommnung und wird so zum Gründer der Weltreligion des Buddhismus.

Durch den siegreichen Zug **Alexanders d. Gr.** (356–323 v. Chr.) von 327–325 v. Chr. kommt es zum Kulturkontakt zwischen Griechenland und Indien. Das erste indische Großreich entsteht 272–231 v. Chr. unter **Aschoka** (270–232 v. Chr.). Nach seinem Tod kommt es zur Teilung des Reiches. In der Folgezeit wechseln Phasen der Vereinigung und der Zersplitterung des Reiches einander ab. Insgesamt ist festzustellen, dass die Anfänge der indischen Kultur wesentlich geprägt sind durch die Spannung zwischen Sinnlichkeit und Askese. Aufgrund der Geringschätzung von allem Diesseitigen existiert im alten Indien noch keine offizielle Geschichtsschreibung.

Buddha-Statue

Die Antike

Durch die Griechische Völkerwanderung, die auch unter der Bezeichnung Dorische Wanderung bekannt ist, wird die Vorherrschaft der Mykener beendet und der Beginn des griechisch-römischen Altertums, der Antike, eingeleitet. Nach 1000 v. Chr. beginnen sich die typischen Stadtstaaten wie Athen und Sparta herauszubilden.

Die Gründung Roms

Zeitliche Einordnung

Bis zum Höhepunkt seiner klassischen Periode bildet Griechenland keine politische Einheit. Fremde Großreiche bestimmen direkt oder indirekt seine langfristige Entwicklung. Die Griechen vermögen sich zwar gegen die Perser zu behaupten, doch mit der Annexion durch Rom 146 v. Chr. endet die klassische Periode Griechenlands. Mit diesem Zeitpunkt ist zugleich Roms endgültiger Status als Hochkultur markiert. Als literarischer Beginn der Antike gilt das Epos des griechischen Dichters Homer (8. Jh. v. Chr. der Überlieferung nach), während der Sieg des Christentums über das griechisch-römische Heidentum, die Absetzung des weströmischen Kaisers durch

Homer

Odoaker (430–93) 476 und die Schließung der Akademie Platons in Athen durch **Kaiser Justinian** (527–65) 529 das Ende des Zeitalters der Antike einleiten. Die Nachwirkungen der Antike im frühen Christentum, insbesondere auf dem Gebiet der Philosophie, der Literatur und der bildenden Kunst, sind sehr stark. In Ostrom und Byzanz verschmilzt die Antike mit dem Christentum zu einer neuen Kultur. Im Abendland sind ihre Nachwirkungen durch die germanischen Wanderungen und die Entstehung neuer Reiche unterschiedlich stark ausgeprägt. In Vorderasien, Nordafrika und Spanien bleiben ihre Spuren in den islamischen Reichen deutlich erkennbar.

Während die hellenistischen Diadochenreiche mit ihrer Konsolidierung beschäftigt sind, steigt auf der Apenninenhalbinsel Rom Schritt für Schritt zu einer Großmacht auf. Rom hatte sich zunächst in den Ständekämpfen eine republikanische Verfassung erkämpft, um in der Folgezeit außenpolitisch zu expandieren und zur mediterranen Weltmacht aufzusteigen. Die Alleinherrschaft Caesars und die daraus folgenden Bürgerkriege 49–30 v. Chr. zerstören die Republik, die in das Prinzipat der augusteischen Zeit mündet und die römische Spätantike einläutet. Bis in das 3. Jh. erlebt die römische Kaiserzeit einen glanzvollen wirtschaftlichen und kulturellen Aufstieg, wobei es dem hellenistischen Vorbild weitgehend verhaftet bleibt, als bleibende Schöpfung allerdings das römische Recht zur Vollendung bringt. Danach mehren sich jedoch die krisenhaften Erscheinungen im Innern ebenso wie die Bedrohungen von außen. Der Verfall altrömischer Tugenden, die Verschwendungssucht der Potentaten, steigende Militärausgaben zur Verteidigung der Grenzen und eine wachsende Überfremdung führen u. a. zum Niedergang des Imperium Romanum. 395 ist es notwendig, zur Abwehr der Perser und Germanen das Reich in eine westliche und eine östliche Hälfte zu teilen. Vor allem die weströmischen Kaiser vermögen jedoch dem Ansturm der germanischen Völkerschaften nichts Entscheidendes entgegenzusetzen und 476 entthront schließlich der germanische Heerführer Odoaker den letzten römischen Kaiser.

Das alte Griechenland

Bei der Geschichte Griechenlands, das allgemein als Wiege der abendländischen Kultur gilt, handelt es sich weniger um die Geschichte eines einheitlichen Reiches, sondern eher um die Schilderung der Ereignisse in einer vielschichtigen Staatenwelt, deren Glieder zu jeweils unterschiedlichen Zeitpunkten historische Be-

Miniatur mit Platon und Sokrates

> **? Schon gewusst?**
>
> Im alten Griechenland glaubt man an eine Familie von Göttern, die ewig jung bleiben und das Schicksal aller Menschen zu lenken vermögen. Jeder Gott und jede Göttin besitzt eine fest bestimmte Zuständigkeit. Die wichtigsten Götter sind: Zeus, der König der Götter, Poseidon, der Gott des Meeres, Hephaistos, der Gott des Feuers und der Schmiedekunst, Hera, die Gemahlin des Zeus, Ares, der Gott des Krieges, Hermes, der Götterbote, Athena, die Göttin der Weisheit, sowie Aphrodite, die Göttin der Liebe.

deutung erlangen. An die Stelle der weiträumigen altorientalischen Großreiche tritt die wesentlich kleinere Einheit des Staatstaates, die auf einem für alle Bürger der Polis gleichermaßen geltenden Recht basiert. Die in der Polis lebenden Fremden (Metöken) und die Unfreien werden nicht in den Bürgerkreis einbezogen. Wirtschaftliche und politische Unabhängigkeit bilden die Leitmotive der von der Polis verfolgten Politik. Als im 4. Jh. v. Chr. die hellenistischen Großmächte entstehen, geht die Zeit der Polis zu Ende. In Form einer eingeschränkten Selbstständigkeit besteht sie jedoch noch bis ins 3. Jh. n. Chr.

Im Spannungsfeld zwischen einerseits dem Streben nach individueller Freiheit und andererseits Einbindung des Einzelnen in die Gesellschaft der Polis bleibt Griechenland bis zum Ende seiner klassischen Periode politisch geteilt. Die so genannte klassische Zeit stellt den wahren Höhepunkt der griechischen Kultur dar. Es handelt sich um die Epoche der Philosophen und Wissenschaftler wie **Sokrates** (470–399 v. Chr.), **Platon** (427–348 v. Chr.) und **Aristoteles** (384–322 v. Chr.). Ebenfalls in diese Epoche fällt der Peloponnesische Krieg, der von 431–404 v. Chr. andauert.

Im Rahmen dreier großer Reiche spielt die griechische Kultur eine tragende Rolle und breitet sich auf diese Weise weit über ihre ursprünglichen Gebiete aus: In der hellenistischen Zeit verbreitet sich unter **Alexander d. Gr.** (356–323 v. Chr.) die griechische Sprache, Religion und Kultur über den gesamten Machtbereich des Königs, der sich nach dem Sieg über die Perser im Jahr 333 v. Chr. bis nach Indien und Ägypten erstreckt. Es folgt die Epoche der römischen Herrschaft, in der sich Griechenland schnell zum kulturellen Zentrum des Römischen Reiches entwickeln kann. In der byzantinischen Zeit schließlich wird Griechenland zwar orthodox, doch die kulturellen Eigenschaften des Landes werden zum großen Teil bewahrt.

! Zeittafel

7000–2800 v. Chr. Die neolithische Kultur verbreitet sich in Griechenland.
Ab ca. **2800 v. Chr.** Die helladische Kultur entwickelt sich auf dem Festland, sowie die Kykladenkultur auf der gleichnamigen Inselgruppe.
Um **1200 v. Chr.** So genannte Dorische Wanderung.
1100–700 v. Chr. Große Kolonisation Griechenlands.
1100–479 v. Chr. Zeit des so genannten Archaischen Griechentums.
594 v. Chr. Die Gesetzgebung von Solon in Athen.
510 v. Chr. Die Vertreibung des Athener Tyrannen Hippias um **507 v. Chr.** Die Reform der Staatsordnung Athens durch Kleisthenes.
490–479 v. Chr. Die Perserkriege beginnen und enden.
479–336 v. Chr. Zeit des so genannten Klassischen Griechentums, Blütezeit der griechischen Kultur.
Um **500–429 v. Chr.** Die Zeit des Perikles.
336–323 v. Chr. Die Herrschaftszeit Alexanders d. Gr.
323 v. Chr. Tod Alexanders d. Gr., Beginn der Zeit der Diadochenkämpfe und des Hellenismus.
146 v. Chr. Nach der Zerstörung Korinths durch die Römer wird Hellas zur römischen Provinz.

Die Perserkriege

Als Ursache für den Ausbruch der Perserkriege ist der Aufstand der griechischen Stadt Milet 500 v. Chr. im so genannten Ionischen Aufstand in den Jahren 500–494 v. Chr. zu nennen. Obwohl Athen und Eretria mit Milet sympathisieren und Schiffe nach Kleinasien schicken, wird die Stadt von den Persern zerstört. Nach diesem Sieg halten die Perser es für notwendig, ganz Griechenland zu unterwerfen, woraufhin ein jahrelanger Krieg beginnt. So erobern die Perser im Jahr 492 v. Chr. zunächst Thrakien, werden aber 490 v. Chr. bei Marathon trotz ihrer deutlichen Übermacht von den Athenern geschlagen.

480 v. Chr. zerstört der Perserkönig **Xerxes** (Reg. 486–465 v. Chr.) in einem dritten Perserzug Athen und besetzt Attika. Dennoch wird er in der berühmten Schlacht von Salamis durch die überlegene Taktik der in Minderzahl kämpfenden Griechen geschlagen. Der Angriff der mit den Persern verbündeten Karthager auf Süditalien und der Insel Sizilien scheitert ebenfalls im Jahre 480 v. Chr.

Doch bereits im folgenden Jahr werden Attika und Athen erneut durch ein persisches Heer zerstört, das allerdings im Anschluss unter der Führung der Spartiaten besiegt wird. Nach diesem letzten

Grab des Xerxes

Aufbegehren der Perser gewinnen die Griechen endgültig die Oberhand. Es gelingt ihnen, die gegnerische Flotte aus dem Ägäischen Meer zu vertreiben. Im Jahre 449 v. Chr. kommt es schließlich zum Frieden zwischen Griechenland und Persien, nachdem **Perikles** (500–429 v. Chr.) zu der Erkenntnis gelangt, dass man dem Perserreich nicht noch mehr Siege abringen kann. Er schickt daher im Jahre 449 v. Chr. den reichen Athener Kallias als Unterhändler nach Susa, wo es nach zähen Verhandlungen 448 v. Chr. zum so genannten **Kalliasfrieden** kommt. Während sich Persien verpflichtet, seine Kriegsschiffe aus der Ägäis fern zu halten und die griechischen Städte Kleinasiens freizugeben, verpflichten sich die Griechen ihrerseits, auf Ägypten und Zypern zu verzichten.

Der Kalliasfriede besiegelt das vorläufige Ende des persisch-griechischen Krieges. Erst über 100 Jah-

> **! Der Attische Seebund**
>
> Der 1. Attische Seebund wird auch als Delisch-Attischer Seebund oder einfach nur Delischer Bund bezeichnet und von Athen in den Jahren 478/77 v. Chr. während der Perserkriege mit den griechischen Städten der kleinasiatischen und thrakischen Küste sowie den Ägäischen Inseln geschlossen. Nachdem Sparta aus dem Krieg ausscheidet, schlägt Athen den griechischen Städten das Bündnis vor, um gemeinsam gegen die Perser vorzugehen. Mehr als 200 Städte und Inseln folgen dem Vorschlag Athens. Nach dem Krieg nutzen die Athener die neue Situation zu ihren Gunsten und formen den einstigen Kampfbund immer mehr zu ihrem Herrschaftsinstrument um. Jedes Bündnismitglied ist dazu verpflichtet, Kriegsschiffe mit Besatzung bereitzustellen oder einen entsprechenden Tribut zu zahlen. Sämtliche Mitgliedstaaten müssen daher die athenische Währung einführen, wobei sich Athen immer mehr Eingriffe in die Selbstverwaltung seiner Bündnispartner erlaubt. Erst infolge der Niederlage Athens im Peloponnesischen Krieg gegen Sparta 404 v. Chr. wird der 1. Attische Seebund dann aufgelöst.

re später im Zuge der Eroberung des Perserreiches durch Alexander d. Gr. kommt es erneut zum Krieg. Zuvor führt jedoch der Krieg zwischen Sparta und Athen um die Vorherrschaft in Athen zum Zerfall der griechischen Polis.

Der Peloponnesische Krieg

Der Krieg entzündet sich an Athens Hilfestellung für das mit seiner Mutterstadt Korinth verfeindete Kerkyra, die athenische Aktion gegen Poteidaia sowie eine über Megara von Athen verhängte Handelssperre. Auf der Seite Athens steht der Attische Seebund, Thessalien und Teile Westgriechenlands, während sich auf Spartas Seite der Peloponnesische Bund, die meisten mittelgriechischen Staaten sowie die Kolonien Korinths befinden.

Athen unterliegt finanziell und zur See, Sparta bleibt zu Land überlegen. Perikles evakuiert deshalb die attische Landbevölkerung hinter die damals unbezwingbaren Langen Mauern und gibt Attika den Feinden preis, um sie in Kleinkämpfen zu zermürben (Archidamischer Krieg 431–21 v. Chr.), während die athenische Flotte die Küsten des Peloponnes angreift. Diese Erschöpfungsstrategie bringt Sparta bis 424 v. Chr. in eine ernste Lage, obgleich Athen durch den Ausbruch einer Seuche und den Tod des **Perikles** (429 v. Chr.) erheblich geschwächt wird. Athen verspielt schließlich seine Erfolge durch die Machtpolitik von Perikles' Nachfolgern, vor allem des **Kleon** (gest. 422 v. Chr.). Als der Spartaner Brasidas Athen durch den Angriff auf die Städte an der Nordküste der Ägäis bedrängt, wobei er und Kleon vor Amphipolis fallen (422 v. Chr.), führt eine allgemeine Kriegsmüdigkeit zum **Frieden des Nikias** (470–413 v. Chr.) – Friedensschluss (421 v. Chr.) – der die Verhältnisse vor dem Krieg wiederherstellt.

Die Folgen des Krieges

413 v. Chr. bricht der Konflikt erneut als Dekeleisch-Ionischer Krieg (413–404 v. Chr.) aus. Zu diesem Zeitpunkt ist Athen durch die von **Alkibiades** (450–404 v. Chr.) veranlasste sizilische Expedition stark geschwächt. Es kann den Abfall der Seebundstädte nicht aufhalten, während Sparta, seit 412 v. Chr. im Bund mit Persien, durch dessen Verbündete eine starke Flotte hinter sich versammelt hat. Auch zwischenzeitliche Seesiege Athens können seine Niederlage nicht mehr verhindern. 405 v. Chr. vernichtet der Spartaner **Lysander** (gest. 395 v. Chr.) die letzte athenische Flotte bei Aigospotamoi und zwingt Athen 404 v. Chr. durch Belage-

⚠ Der Peloponnesische Krieg

431 v. Chr. Ausbruch des Krieges.
430 v. Chr. Belagerung von Poteidaia: Den Athenern gelingt die Eroberung der Stadt.
429 v. Chr. Die Spartaner und Thebaner greifen die Plataier und Athener an.
428 v. Chr. Gefecht bei Mytilene: Die Athener schlagen die Mytilener.
426 v. Chr. Stadt Levkas verteidigt sich gegen Athener unter Demosthenes.
425 v. Chr. Seeschlacht bei Sphakteria: Die Athener unter Eurymedon schlagen die Spartaner.
424 v. Chr. Die Athener erobern die Stadt Thyrea.
422 v. Chr. Belagerung von Skione.
421 v. Chr. Nikiasfrieden.
418 v. Chr. Schlacht bei Mantineia.
416 v. Chr. Die Athener erobern Melos.
415 v. Chr. Kampf um Syrakus.
413 v. Chr. Die Syrakusaner besiegen die Athener unter Nikias.
412 v. Chr. Seeschlacht bei Milet: athenischer Sieg über die Peloponnesier.
411 v. Chr. Schlacht bei Abydos: Weiterer athenischer Sieg über die Peloponnesier.
410 v. Chr. Seeschlacht bei Kyzikos.
407 v. Chr. Die Peloponnesier unter Lysandros besiegen die Athener unter Antiochos.
406 v. Chr. Seeschlacht bei den Arginusen.
404 v. Chr. Die Kapitulation Athens führt zum Sturz der Demokratie.

rung zur Kapitulation. Als Resultat des Krieges wird Athen völlig entmachtet, während das siegreiche Sparta über Griechenland eine rücksichtslose Vorherrschaft errichtet. Der Peloponnesische Krieg führt somit zum Zerfall der griechischen Polis. Doch auch Sparta als vermeintlicher Sieger wird durch den Krieg so stark in Mitleidenschaft gezogen, dass Griechenland fortan dem Einfluss auswärtiger Mächte – Perser, Makedonen, Römer – ausgeliefert bleibt.

Die Perserkriege im Zeitalter Alexander d. Gr.

Mit **Alexander d. Gr.** (356–23 v. Chr.) beginnt das Zeitalter des Hellenismus, das durch die Aus-

Philipp V. von Makedonien, Münze

breitung der griechischen Kultur über die damals bekannte Welt gekennzeichnet ist und zu einem intensiven Kulturaustausch zwischen Orient und Okzident führt. Nach dem Tod seines Vaters **Philipp von Makedonien** im Jahre 336 v. Chr., gelangt Alexander auf den Thron. Schnell gelingt es ihm, seine Herrschaft über das durch die ständigen Bürgerkriege geschwächte Griechenland zu festigen, sodass er bereits zwei Jahre später einen Feldzug gegen Persien wagt.

Er führt den makedonisch-griechischen Bund von Korinth in den bereits von seinem Vater Philipp II. als Rachekrieg geplanten Feldzug gegen das persische Großreich. Bereits in der Antike stellt das gigantische Reich der Perser einen Vielvölkerstaat von bis dahin noch nicht gekannten Ausmaßen dar.

Politische und militärische Leistungen Alexanders

Aufgrund seiner meisterhaften Taktik besiegt Alexander mit seinem rund 40.000 Soldaten starken und damit vergleichsweise kleinen Heer den übermächtigen Perserkönig **Darius III.** (380–330 v. Chr.), der nach der Niederlage bei Gaugamela die Flucht ergreift und später von einem Vasallen ermordet wird.

In den entscheidenden Schlachten 334 v. Chr. am Granikos, 333 v. Chr. bei Issos sowie 331 v. Chr. bei Gaugamela praktiziert Alexander das von dem Thebaner **Epaminondas** (420–362 v. Chr.) entwickelte taktische Prinzip der „schiefen Schlachtordnung". Die Grundidee dieser Taktik besteht darin, den zur Herbeiführung der Entscheidung bestimmten Flügel auf Kosten des anderen stark zu machen. Nach der Eroberung der ostiranischen Provinzen und der Rückkehr aus Indien 325 v. Chr. betreibt Alexander eine konsequente Versöhnungspolitik mit dem Ziel der Verschmelzung von Makedonen und Persern. Auf diese Weise legt er die Basis zum Hellenismus. Mit der Eroberung Persiens durch Alexander d. Gr. und den ihm nachfolgenden seleukidischen Königen (312–138 v. Chr.) gewinnt der griechische Einfluss im kulturellen Leben des Perserreiches zunehmend an Bedeutung. Als Alexander 323 v. Chr. stirbt, lässt er ein riesiges Reich zurück, das Ägypten und den Orient bis nach Indien mit der Zivilisation Griechenlands verbindet. Seine Feldherren kämpfen

mehrere Jahrzehnte um die Nachfolge, doch als 301 v. Chr. bei Ipsos **Antigonos** (382–1 v. Chr.), der letzte Vertreter des Einheitsgedankens fällt, zerbricht das Reich Alexanders in die so genannten Diadochenreiche:
Die nachfolgenden Königreiche – Makedonien unter den Antigoniden, Vorderasien unter den Seleukiden und Ägypten unter den Ptolemäern – werden nie mehr zu einem Gesamtreich vereinigt und unterliegen schließlich eines nach dem anderen dem Ansturm Roms. Kunst und Kultur des Hellenismus werden jedoch von den Römern zu einem großen Teil übernommen und bleiben somit im Rahmen des Byzantinischen Reiches bis zur Neuzeit erhalten.

Die Gründung Roms und die Römische Republik

Im Gegensatz zur griechischen Staatenwelt, deren Geschichte keinen eindeutigen Mittelpunkt besitzt, zeigt die römische Geschichte einen kontinuierlichen Verlauf, ausgehend von der Gründung Roms als ständigem Zentrum der Macht bis hin zum den ganzen damals bekannten Erdkreis umfassenden Imperium Romanum. Dem römischen Gelehr-

Livius Titus: Zeichnung aus der Gründung Roms, Handschrift 14. Jh.

ten **Varro** (116–27 v. Chr.) zufolge gilt der 21. April 753 v. Chr. als das Gründungsdatum der Stadt Rom. Dem römischen Gründungsmythos nach landet der aus Troja geflohene Äneas in Latium, woraufhin die von ihm abstammenden, von einer Wölfin gesäugten Zwillinge Romulus und Remus die Stadt gründen. Romulus wird, nachdem er seinen Bruder im Streit erschlägt, der erste König Roms. Bereits durch ihn werden laut römischer Überlieferung wichtige soziale und politische Institutionen geschaffen. Die Oberschicht Roms formiert sich zu adligen Geschlechtern, den so genannten Gentes. Gegen Ende des 6. Jh. wird das Königtum von den Gentes gestürzt. Nach seiner Beseitigung wählen die römischen Patrizier aus ihrer Mitte zwei Jahresbeamte, die so genannten Prätoren, die später Konsuln heißen. In der römischen Republik stehen sich zwei soziale Gruppen gegenüber: die Patrizier (Patres) und Plebejer (Plebs). Das Patriziat ist ein Grund besitzender Geburtsadel, das nach Geschlechtern gegliedert, einen festen Anhang von Klienten besitzt. Alle politischen, militärischen, rechtlichen und religiösen Funktionen der Könige werden von ihm übernommen. Die Plebejer – vor allem Bauern, Besitzlose sowie wenige Handwerker – bilden hingegen keine einheitliche soziale Schicht.

Die politischen Institutionen der Frühzeit

In der Anfangsphase der Republik existieren nur wenige Institutionen: Es gibt lediglich zwei Oberbeamten, Praetoren, die jeweils für ein Jahr gewählt werden und in erster Linie für die Heerführung zuständig sind. Mit den Oberbeamten setzt sich die alte politische und militärische Macht (imperium) der Könige fort, die allerdings durch das Prinzip der Annuität (Einjährigkeit des Amtes) und der Kollegialität (mindestens zwei Personen bekleiden dasselbe Amt) eingeschränkt wird. Das höchste politische Organ ist der Senat. In ihm befinden sich die Häupter der patrizischen Familien. Er entwickelt sich aus einem Beratungsorgan der Könige zu einem der Oberbeamten, bildet zugleich das wichtigste institutionelle Mittel für die Konsensfindung innerhalb des Patriziats und verabschiedet Beschlüsse der Volksversammlung durch seine Zustimmung. Die Ausgangssituation für die Ständekämpfe ist geprägt durch den Konflikt zwischen einer politisch und sozial relativ gut organisierten Herrschaftsschicht gegenüber der von der Herrschaft ausgeschlossenen Plebs, die über keine einheitliche wirtschaftliche Basis verfügt.

Die Ständekämpfe

Da sich das Römische Reich beständig ausdehnt, wird auch die Plebs zum Kriegsdienst herangezogen. Während der Abwesenheit der Plebejer kümmert sich jedoch niemand um ihre Äcker. Ihren verständlichen Unmut über diese Situation bringt die Plebs in Form von drei grundsätzlichen Forderungen zum Ausdruck: Sie fordert einen akzeptablen Schutz vor willkürlich erscheinenden Amtshandlungen des Senats, zivil- und strafrechtliche Gleichstellung mit den Patriziern sowie die Möglichkeit, an der Staatsführung teilzuhaben.

Die Plebs gründet daher eine eigene Volksversammlung und mithilfe eines Vetorechtes ihrer gewählten Mitglieder in Rechtsfragen kann sie ihre erste Forderung verwirklichen. Im Jahre 287 v. Chr. werden die Ständekämpfe zwi-

> ## ! Kriege zur Zeit der Römischen Republik
>
> **343–341 v. Chr.** 1. Samnitenkrieg.
> **326–304 v. Chr.** 2. Samnitenkrieg.
> **298–290 v. Chr.** 3. Samnitenkrieg.
> **282–272 v. Chr.** Krieg gegen Pyrrhos.
> **264–241 v. Chr.** 1. Punischer Krieg.
> **229 v. Chr.** 1. Illyrischer Krieg.
> **221–197 v. Chr.** 1. Makedonischer Krieg.
> **219 v. Chr.** 2. Illyrischer Krieg.
> **218–201 v. Chr.** 2. Punischer Krieg.
> **154–133 v. Chr.** Spanischer Krieg.
> **149–144 v. Chr.** 3. Punischer Krieg.
> **148/146 v. Chr.** Makedonischer Krieg, Krieg gegen den Achaischen Bund.
> **112–105 v. Chr.** Krieg gegen Jugurtha.
> **91–88 v. Chr.** Bundesgenossenkrieg.
> **87–64/63 v. Chr.** Krieg gegen Mithradates.
> **88–82 v. Chr.** 1. Bürgerkrieg.
> **58–51 v. Chr.** Gallischer Krieg.
> **49–45 v. Chr.** 2. Bürgerkrieg.

schen der Plebs und den Patriziern beigelegt, und es kommt zu einer patrizisch-plebejisch geführten Republik mit zwei Praetoren bzw. Konsuln aus den beiden römischen Gesellschaftsschichten. Die Plebs geht daher siegreich aus den Ständekämpfen hervor. Da der Senat und seine Magistrate nicht jedes Jahr aufs Neue wechseln müssen, übte dieser – auch gegenüber den jährlich neu zu wählenden Konsuln – die eigentliche Macht aus. Ein neuer Amtsadel entsteht: die Nobilität aus Adel und reicher Plebs.

In den Jahren 264–133 v. Chr. breitet sich das Römische Reich beständig weiter aus. Die Römer führen zahlreiche Kriege in verschiedenen Teilen Europas und Afrikas. Das alte Problem der Plebejer tritt wieder vermehrt auf: Zum Kriegsdienst in fernen Ländern gezwungen können die Bauern nichts erwirtschaften und verarmen. Die Folge ist eine wachsende Unterschicht, die mit ihrer Situation unzufrieden ist. Im Jahre 133 v. Chr. starten die beiden Brüder **Tiberius** (162–133 v. Chr.) und **Gaius Gracchus** (153–133 v. Chr.) erste Reformversuche. Doch beide werden nicht nur vom Senat sondern auch von der Nobilität bekämpft und schließlich ermordet. Die Zeit der Bürgerkriege bricht an, die ein Jahrhundert später zum Ende der Republik führen.

Die Punischen Kriege

Als bedeutendste Staaten stehen sich im 3. Jh. v. Chr. Rom und Kar-

Hannibal

Elefanten von Hannibal

thago im Mittelmeerraum gegenüber. Als im Jahre 270 v. Chr. die römische Expansion in Italien mit der Eroberung von Rhegion die sizilianische Meerenge erreicht, kommt es zum Konflikt mit den Karthagern, die den Westteil Siziliens kontrollieren. Den Anlass zum 1. Punischen Krieg (264–241 v. Chr.) liefert das Verhalten der Bewohner der Stadt Messana. Kampanische Söldner, Mamertiner (Marssöhne) genannt, besetzen nach dem Tode des syrakusanischen Tyrannen Agathokles (316–289 v. Chr.) die Stadt (289 v. Chr.). Als sie im Kampf gegen **Hieron II.** (306–215 v. Chr.), seit 269 v. Chr. König in Syrakus, zu unterliegen drohen, wendet sich ein Teil von ihnen an Karthago, während ein anderer Rom um Hilfe bittet.

Auf Beschluss der römischen Volksversammlung interveniert Konsul Claudius Caudex, der 264 v. Chr. den Krieg erklärt, in dessen Verlauf die Römer 260 v. Chr. bei Mylae an der Nordküste Siziliens den ersten Seesieg ihrer Geschichte feiern können. Vier Jahre später scheitert jedoch ein römisches Landeunternehmen in Afrika. Der Konsul M. Atilius wird nach der Niederlage gegen das von dem Spartaner Xanthippos geführte punische Heer gefangen genommen und 255 v. Chr. sehen sich die Römer gezwungen, aus Afrika abzuziehen. In der Folgezeit nimmt der Krieg die Form eines Stellungskampfes in Sizilien an. **Hamilkar Barkas** (290–229 v. Chr.), seit 247 v. Chr. Oberkommandierender, gelingt es anfangs noch, die Stützpunkte Lilybaion und Drepanon für Karthago zu halten, doch als im Frühjahr 241 v. Chr. eine punische Flotte durch den Konsul C. Lutatius versenkt wird, ist Karthago schließlich zum Frieden bereit. In Form von zehn Jahresraten muss es nicht nur 3200 Talente Silber zahlen, sondern auch die Liparischen Inseln sowie Sizilien räumen. Rom nutzt wenig später einen Aufstand der karthagischen Söldner, um Sardinien ebenfalls zu annektieren.

Ab 237 v. Chr. beginnt Karthago seine Macht in Spanien auszubauen. Den dortigen Oberbefehl besitzt zunächst Hamilkar Barkas, anschließend sein Schwiegersohn **Hasdrubal** (gest. 207 v. Chr.) und schließlich ab 221 v. Chr. **Hannibal** (247–183 v. Chr.). Nach dem **2. Punischen Krieg** (218–201 v. Chr.), der Karthago die überseeischen Besitzungen, Kriegsschiffe und 10.000 Talente Tribut kostet, verlagert die Stadt ihren Handel in das östliche Mittelmeer. Doch sein rascher wirtschaftlicher Aufstieg nährt in Rom eine neuerliche Furcht vor Karthago. Der ältere **M. Porcius Cato** (243–149 v. Chr.) fordert daher immer wieder die Zerstörung Karthagos.

Ein Verteidigungskrieg Karthagos gegen den Numiderkönig Massinissa, zu dem die Stadt nach dem Vertrag von 201 v. Chr. Roms Erlaubnis hätte einholen müssen, bietet schließlich den willkommenen Anlass für einen neuerlichen Krieg. 149 v. Chr. erklären die Konsuln Karthago abermals den Krieg. Auf diese Weise kommt es zum **3. Punischen Krieg**. Drei Jahre lang gelingt es Karthago, den Römern standzuhalten. 146 v. Chr. wird die Stadt jedoch schließlich von **P. Cornelius Scipio Aemilianus** (185–129 v. Chr.) erobert und dem Erdboden gleichgemacht.

Büste von Gaius Julius Caesar

Caesar und die Zeit der Bürgerkriege

Die kriegerischen Auseinandersetzungen um die Neugestaltung des Römischen Reiches in der Endphase der Römischen Republik in der Zeit von 133–127 v. Chr. werden ausgelöst durch das Scheitern der Reformbemühungen der beiden Brüder Gaius (153–133 v. Chr.) und Tiberius (162–133 v. Chr.) Gracchus in den Jahren 123–121 v. Chr.: Das von ihnen gemeinsam verfolgte Ziel, das besitzlose Proletariat wirtschaftlich abzusichern, stößt beim Adel und beim Senat auf massiven Widerstand. Die gescheiterten Reformversuche der Gracchen machen deutlich, dass sich die Nobilität gespalten hat in einerseits die konservativen Optimaten, die auch als Senatspartei bezeichnet werden, und andererseits die Volkspartei der Popularen, welche die Forderungen des Volkes vertritt und diese mithilfe der Volkstribunen und der Volksversammlung zu verwirklichen sucht. Als **Sulla** (138–78 v. Chr.) 83 v. Chr. von einem siegreichen Feldzug nach Rom zurückkehrt, kommt es zum Bürgerkrieg zwischen ihm und seinem Konkurrenten **Marius** (156–86 v. Chr.), den Sulla im Jahre 82 v. Chr. für sich entscheiden kann. Sulla wird zum Dikator ernannt und nutzt seine weit gehenden Befugnisse, um sämtliche politischen Gegner zu beseitigen und die Senatsherrschaft wiederherzustellen.

Der Aufstieg Caesars

Die weiteren Entwicklungen ebnen den Weg für den Aufstieg Caesars. Nachdem im Jahre 71 v. Chr. **Licinius Crassus** (115–53 v. Chr.) und **Gnaeus Pompeius** (106–48 v. Chr.) den Spartacus-Aufstand niedergeschlagen haben, gewinnen diese ein Jahr später das Konsulat und machen viele der Maßnahmen Sullas wieder rückgängig. Als der Senat die von Pompeius getroffenen Umstrukturierungen in den Provinzen im Jahre 63 v. Chr. torpediert, schließt sich Pompeius im Jahre 60 v. Chr. mit Crassus und **Gaius Julius Caesar** (100–44 v. Chr.) zum ersten Triumvirat zusammen.

Ein Jahr später wird Caesar Konsul. Nach dem Konsulatsjahr erhält er die Statthalterschaft in Dalmatien (Gallia Cisalpina und Illyricum) und Südfrankreich (Gallia Narbonensis); von hier aus unterwirft er 58–51 v. Chr. in schweren Kämpfen das übrige Gallien und unternimmt auch Feldzüge über den Rhein (55 und 53 v. Chr.) und nach Britannien (55 und 54 v. Chr.). Nach der Auflösung des Triumvirats verbündet sich Pompeius (106–48 v. Chr.), um sich gegen Caesar behaupten zu können, mit dem Senat, der ihm diktatorische Vollmachten verleiht. Daraufhin eröffnet Caesar mit dem Überschreiten des Rubikon und dem Einfall in Italien 49 v. Chr. den Bürgerkrieg. Er vertreibt Pompeius, erobert Spanien, landet in Epirus und schlägt Pompeius 48 v. Chr. bei Pharsalos. In den ägyptischen Thronstreit greift er zugunsten der Königin **Kleopatra** (69–30 v. Chr.) ein und übergibt ihr 47 v. Chr. das Land unter römischer Oberhoheit. Die letzten Gegner besiegt er 46 v. Chr. in Afrika bei Thapsus und 45 v. Chr. in Spanien bei Munda. Bereits während dieser Kämpfe beginnt Caesar mit einer weit reichenden gesetzgeberischen Tätigkeit, die u. a. eine Neuordnung der Provinzialverwaltung sowie strafrechtliche Reformen beinhalten. Wichtig für die Folgezeit wird vor allem die Einführung des julianischen Kalenders sowie die Kolonisations- und Bürgerrechtspolitik, welche die Grundlage der weiteren kulturellen Romanisierung Westeuro-

Marcus Junius Brutus, Büste von Michelangelo

pas bildet. Seit 44 v. Chr. ist Caesar Imperator und Diktator auf Lebenszeit. 45 v. Chr. adoptiert er **Gaius Octavius** (63 v. Chr.–14 n. Chr.), den späteren Kaiser Augustus. An den Iden (15.) des März 44 v. Chr. wird Caesar das Opfer einer Verschwörung unter Führung von **Marcus Brutus** (85–42 v. Chr.) und **Gaius Cassius** (gest. 42 v. Chr.).

Die Römische Kaiserzeit

Insgesamt befindet sich das Römische Reich in den Jahren von 27 v. Chr. – 476 n. Chr. unter kaiserlicher Herrschaft. Nach der Ermordung Caesars stehen sich in Rom mehrere Parteien im Kampf um die Macht gegenüber: Auf der einen Seite die Republikaner, zu denen die Caesarmörder mit Brutus und Cassius an der Spitze sowie die führenden Männer im Senat gehören, auf der anderen befinden sich die Caesarianer mit dem Konsul **M. Antonius** (82–30 v. Chr.) und dem Magister Equitum Caesars **M. Aemilius Lepidus** (7–13) sowie der Großneffe Caesars C. Octavius, der von Caesar adoptiert und zum Erben eingesetzt worden ist. Dieser verbündet sich mit Antonius und Lepidus zum zweiten Triumvirat. Die Mörder Caesars sowie deren Gefolgsleute werden getötet. Nachdem über 300 Senatoren den Tod gefunden haben, wird das Römische Reich im Jahre 40 v. Chr. zwischen den drei Bundesgenossen aufgeteilt. Doch wie bereits beim ersten Triumvirat handelt es sich auch bei diesem neuen Dreibund um ein reines Zweckbündnis.

Das Prinzipat des Augustus

Nachdem Marc Antonius seine Frau **Octavia** (70 v. Chr.–11 n. Chr.), die Schwester des Octavianus (des späteren Kaisers Augustus), verstößt, zerbricht das Triumvirat und ein erneuter Bürgerkrieg bricht aus. Mit der Unter-

Octavia, Büste 1. Jh. v. Chr.

stützung des Senats gelingt es Octavianus in der Seeschlacht von Actium im Jahre 31 v. Chr., die Truppen von Antonius und seiner Ehefrau Kleopatra zu schlagen. Beide begehen daraufhin Selbstmord. Octavianus kehrt zwei Jahre später als Alleinherrscher nach Rom zurück. Nach seiner Rückkehr gibt er offiziell alle Befugnisse, die er in den letzten Jahren vom Senat erhalten hat, freiwillig zurück. Die vermeintliche Rückgabe der Macht stärkt den Adoptivsohn Caesars. Er erhält im Gegenzug den Oberbefehl über die Heere in den noch nicht befriedeten Provinzen und wird im gleichen Jahr auch zum Konsul in der wiederhergestellten Republik gewählt. Während das Amt des Konsuls bislang auf ein Jahr beschränkt ist, wird nun diese Regelung für den neuen Inhaber außer Kraft gesetzt. Octavianus, der zu diesem Zeitpunkt den Beinamen Augustus – „der Erhabene" – erhält, wird bis zum Jahre 23 v. Chr. jedes Jahr erneut zum Konsul gewählt. Zudem gilt für ihn auch das Verbot der Ämterhäufung nicht mehr.

Dennoch achtet Augustus stets darauf, seine Macht durch die republikanische Verfassung und den Senat legitimiert zu wissen. Nachdem er acht Jahre das Amt des Konsuls innegehabt hat, verzichtet er 23 v. Chr. auf den Titel und erhält daraufhin vom Senat weitere Vollmachten zugesprochen. Seine offizielle Stellung ist nun die eines Volkstribun, dem im Jahre 12 v. Chr. nach dem Tod des Lepidus, auch das Amt des geistlichen Oberhauptes, des Pontifex Maximus, folgt. Diese neue Form der Regierung wird inoffiziell als Prinzipat bezeichnet, wobei Augustus sich selbst als **Primus inter pares** betrachtet, also als „Ersten unter Gleichen". Der aristokratische Senat braucht sich vorläufig keine Sorgen mehr um seine Existenzberechtigung zu machen. Nach fast 100 Jahren voller Bürgerkriege geben die republikanischen Kräfte im Römischen Reich ihren Konfrontationskurs auf, zumal Rom unter Augustus eine neue Blütezeit erlebt. Außenpolitisch erweitert sich das Römische Reich im Norden und Westen, während Augustus in der Innenpolitik eine Bürokratie mit bezahlten Beamten zur Verwaltung des Staates errich-

Nero, Marmorstatue

tet. Er verfügt zudem über erhebliche Steuereinnahmen, mit deren Hilfe er Versorgungsschwierigkeiten in Rom mit Getreidespenden persönlich ausgleichen kann. Auf diese Weise hat er die Bevölkerung in der Hand, die er durch **Brot und Spiele** in Form von Wagenrennen, Gladiatorenkämpfen und Schauspielen bei Laune hält.

Der Niedergang des Römischen Reiches

In der so genannten julisch-claudischen Dynastie folgt seinem Stiefvater Augustus im Jahr 14 n. Chr. Kaiser **Tiberius** (42 v. Chr. – 37 n. Chr.), der innerhalb Roms nur seine ihm treue Prätorianergarde als bewaffnete Truppe zulässt. Der legendäre **Caligula** (12–41) regiert von 37–41, gefolgt von Kaiser **Claudius I.** (10 v. Chr. – 54 n. Chr.), der bis 54 zahlreiche Verwaltungsreformen durchführt und Britannien erobert.

Im Jahre 68 begeht **Nero** (37–68), der Adoptivsohn des Kaisers Claudius I., Selbstmord. Nero wird bekanntlich eine tragende Rolle bei dem großen Brand Roms zugewiesen, den er jedoch den Christen vorwirft, was zur ersten großen Christenverfolgung führt. Mit ihm endet im Jahre 68 die julisch-claudische Dynastie. Seine Nachfolge tritt **Servius Sulpicius Galba** (3 v. Chr. – 69 n. Chr.) an. Seiner Regierung fehlt es jedoch an der entscheidenden Unterstützung durch die Prätorianergarde, die ihn am 15. Januar 69 schließlich ermordet. **Marcus Salvius Otho** (32–69), ein Freund Neros, sieht daraufhin seine Chance für gekommen und versucht sich drei Monate lang als römischer Kaiser. Nachdem seine Truppen jedoch gegen seinen direkten Konkurrenten **Aulus Vitellius** (12–69) unterliegen, flüchtet auch er in den Selbstmord. Anschließend versucht sich Vitellius für die nächsten acht Monate als Kaiser. Mit der flavischen Dynastie beginnt unter dem neuen Kaiser **Vespasian** (9–79) anschließend wieder eine relativ stabile Herrschaftsphase.

Vespasian und seine ihm nachfolgenden Söhne **Titus** (39–81) und **Domitian** (51–96) kehren zu einem einfacheren Führungsstil zurück und bemühen sich, dem Senat wieder mehr Macht zu verleihen. Titus erlebt während seiner Herrschaft den Ausbruch des Vesuv sowie die Zerstörung von Pompeji. Unter Domitian erleben die römische Kunst und Literatur eine neue Blütezeit.

Es folgt die Zeit der so genannten fünf guten Kaiser. Der letzte von ihnen ist **Marcus Aurelius** (121–180), der seinen Sohn **Lucius Aelius Aurelius Commo-**

dus (161–193) als Nachfolger bestimmt. Unter ihm leidet Rom für 23 Jahre unter einer erneuten Ära der Grausamkeit, ehe auch dieser Tyrann 193 einen unnatürlichen Tod findet.

Der Zerfall des Reiches

Es beginnt nun endgültig die Zeit des Niederganges des einst so strahlend mächtigen Imperium Romanum. In den folgenden 85 Jahren herrschen insgesamt 18 Kaiser, deren Leben zumeist gewaltsam enden. Unter **Diokletian** (245–313) kommt es 284 zu einer Anzahl von tief greifenden sozialen, wirtschaftlichen und politischen Reformen. Um eine einheitlichere Verwaltung im ganzen Reich zu ermöglichen, wird die Herrschafts- und Thronfolgeordnung der Tetrarchie, also einer Vier-Kaiser-Herrschaft, ins Leben gerufen. Doch auch die Tetrarchie wird schon bald wieder abgeschafft. **Konstantin d. Gr.** (272–337) setzt im Jahre 306 seine Mitkaiser wieder ab. Nach seinem Sieg über den oströmischen Kaiser **Licinius** (250–325) 324 ist Konstantin Alleinherrscher über die römische Welt. Infolge seines Todes 337 brechen jedoch erneute Unruhen aus, die dazu führen, dass es unter den Kaisern **Arcadius** (Reg. 395–408) und **Honorius** (384–423) ab 395 wieder zu einer Teilung zwischen einem West- und Ostreich kommt. In der Folgezeit wird das immer schwächer werdende Westreich häufig erobert. Im Jahre 476 wird mit **Romulus Augustulus** (460–511) der letzte weströmische Kaiser abgesetzt. Das Oströmische bzw. Byzantinische Reich besteht hingegen noch bis zum Jahre 1453 fort. Aufgrund seiner zivilisatorischen Überlegenheit ist es Rom für lange Zeit gelungen, die Einheit des Reiches im Kampf gegen innere und äußere Bedrohungen zu wahren. Doch mit dem Beginn der Völkerwanderung 375 vergrößert sich der Druck auf das von inneren Konflikten zusätzlich geschwäch-

> **! Römische Kaiserdynastien**
>
> **27 v. Chr. – 68 n. Chr.** Julisch-claudische Dynastie.
> **69** Bürgerkrieg.
> **69–96** Flavische Dynastie.
> **96–192** Adoptivkaiser, antoninische Dynastie.
> **193** Bürgerkrieg.
> **193–235** Severische Dynastie.
> **235–284** Soldatenkaiser.
> **284–312** Tetrarchie (Vier-Kaiser-Herrschaft).
> **306–364** Konstantinische Dynastie.
> **364–392** Valentinianische Dynastie.
> **379–455** Theodosianische Dynastie.
> **455–476** Die letzten Kaiser des Westens.

te Imperium Romanum zunehmend. Die Hunnen und Ostgermanen stürmen nach Westen und besiegeln damit schließlich 476 den Untergang des weströmischen Reiches.

Das frühe Christentum

Gekoppelt mit dem Niedergang des Imperium Romanum vollzieht sich der Aufstieg des Christentums zur Weltreligion, womit auch eine der wichtigsten Grundlagen für die Gesellschaftsstruktur des europäischen Mittelalters gelegt wird. Das Christentum entsteht durch Abspaltung vom Judentum, als dieses sich in einer Krisensituation befindet. Aus dem Verlust seiner staatlichen Unabhängigkeit seit der Babylonischen Gefangenschaft 568–538 v. Chr. erwächst die Erwartung vom Kommen eines Messias, der als Nachfahre Davids die Juden von der Fremdherrschaft Roms befreien und das **David's che Großreich** wiederherstellen soll. Als jedoch **Jesus** (6 v. Chr. – um 33 n. Chr.), die Messiaserwartungen, die auf ihn projiziert werden, aufgrund seiner Gewaltlosigkeit nicht erfüllt und als politisch Gescheiterter ans Kreuz genagelt wird, erheben seine Jünger ihn zu Gottes Sohn und zum Stifter einer neuen Religion, wobei die Urgemeinde in Jerusalem zunächst noch vollständig jüdisch ist. Erst unter dem **Apostel Paulus** (gest. 60) vollzieht sich die endgültige Trennung der frühen Christen vom Judentum.

Vom „Untergrund" zur Staatsreligion

Der weitere Weg bis zur offiziellen Staatsreligion unter **Kaiser Theodosius d. Gr.** (347–395) 381 ist durch zahlreiche blutige Christenverfolgungen gekennzeichnet. Zumeist sind die Christen willkommene Opfer für politische Intrigen, wie beispielsweise bei den ersten Verfolgungen unter **Kaiser Nero** (37–68) im Jahre 64. Später geraten die Christen mit den römischen Kaisern, die sich als Götter verehren lassen, in Konflikt. Unter dem römischen **Kaiser Konstantin** (272–337) wird im Toleranzedikt von Mailand 313 die für alle Untertanen gleichermaßen geltende Religionsfreiheit festgelegt. Mit der Unterstützung der Christen, die nun nicht mehr verfolgt werden, vermag Konstantin seine Macht im römischen Imperium weiter aus-

Goldmünze mit dem Profil von Theodosius I.

zubauen. Er führt den Sonntag als allgemeinen Ruhetag ein und lässt sich noch auf dem Sterbebett taufen. Sein Nachfolger Theodosius erklärt schließlich 381 das Christentum zur offiziellen Staatsreligion.

Das frühe Christentum

Um 33 Hinrichtung Jesu in Jerusalem.
45–58 Missionsreisen des Paulus.
64 Hinrichtung von Petrus und Paulus in Rom.
249–251 Christenverfolgungen unter Decius.
303–311 Christenverfolgungen unter Diokletian.
313 Toleranzedikt von Mailand.
325 Konzil von Nicäa.
381 Christentum wird Staatsreligion.

Die Zeit der Völkerwanderung

Durch den Einbruch der Hunnen in Europa werden nach 370 umfangreiche Wanderungsbewegungen in Gang gesetzt, die in der historischen Forschung allerdings erst seit dem 18. Jh. als Völkerwanderung bezeichnet werden. Als die Hunnen 375 das Gotenreich in der heutigen Ukraine zerstören, flieht der Großteil der Goten über die Donau auf römisches Gebiet und wird 376 von **Kaiser Valens** (328–378) in Moesien, im heutigen Bulgarien, angesiedelt. Ein Aufstand der Goten führt 378 zur Schlacht bei Adrianopel, in deren Verlauf der Kaiser zu Tode kommt. Zum Friedensschluss mit den Goten kommt es im Jahre 382 durch Kaiser Theodosius d. Gr. (347–395). Unter **Alarich** (370–410), der 395 zum König erhoben wird, fällt der später „Westgoten" genannte Teil der Goten 401 in Italien ein und plündert 410 die Stadt Rom. Nach Alarichs baldigem Tod wenden sich die Westgoten Südgallien zu und errichten dort nunmehr als Verbündete Roms ein Reich mit der Hauptstadt Tolosa (Toulouse), das sich allmählich bis nach Spanien ausdehnt. Im Jahre 711 erliegen die Goten jedoch dem Ansturm der Araber.

Die durch den Westgoteneinfall in Italien bedingte Schwächung der Rheingrenze begünstigt die Westwanderung der Sweben, Vandalen, Burgunder und Alanen, die sich ab 406 in Gallien ausbreiten und sich ab 409 mehrheitlich der Iberischen Halbinsel zuwenden. Den Burgundern wird durch einen Bündnisvertrag mit Rom 413 das Gebiet um Worms zugesprochen. Nach einer schweren Niederlage gegen die Hunnen ziehen sie weiter nach Sapaudia (Savoyen). Während die Sweben von den Westgoten nach Nordwestspanien abgedrängt werden und dort bis um 585 ein eigenständiges Reich besitzen, setzen die Vandalen und Alanen unter **Geiserich** (390–477) 429 nach Nordafrika über, das sie bis zum Fall Karthagos im Jahre 439 erobern. Rom wird im Jahre 455 von Geiserichs Truppen gestürmt. Angesichts innerer Schwierigkeiten und der Überlegenheit des Oströmischen Reiches unter Kaiser **Justinian d. Gr.** (482–565) geht das Vandalenreich nach der Niederlage **Gelimers** (Reg. 530–534) gegen den byzantinischen Feldherrn **Belisar** (505–565) 534 endgültig unter.

Das Ende des Weströmischen Reiches

Der Unterwerfung zahlreicher Germanenstämme durch die Hunnen setzt der Sieg eines römisch-germanischen Heeres unter **Aetius** (390–454) 451 auf den Katalaunischen Feldern sowie der Tod des Hunnenkönigs Attila (Reg. ab 434) 453 ein Ende. Der Niedergang des Weströmischen Reiches kann dadurch jedoch nicht mehr aufgehalten werden. **Odoaker** (430–493), der von den die Mehrheit des römischen Heeres stellenden germanischen Truppen 476 zum König ausgerufen wird, beseitigt das machtlose weströmische Kaisertum. Er wird allerdings 493 in seiner Hauptstadt Ravenna von dem Ostgoten **Theoderich** (451–526) ermordet. Die Herrschaft der Ostgoten endet mit der Eroberung Italiens durch den byzantinischen Feldherrn **Narses** (480–574) 553. Nur wenige Jahre später fallen mit den Langobarden neue Eroberer in Oberitalien ein und errichten ein Reich mit dem Zentrum Pavia, das erst 774 durch **Karl d. Gr.** (747–814) vernichtet wird. Die meisten der neuen, im Zuge der Völkerwanderung entstandenen Staatsgebilde haben daher nicht lange Bestand. Lediglich England und das Frankenreich sind bis zur heutigen Zeit erhalten geblieben.

 Schon gewusst?

An der Völkerwanderung sind beteiligt:

Westgermanen:
Alamannen
Sweben
Langobarden
Franken
Quaden

Ostgermanen:
Westgoten
Ostgoten
Vandalen
Burgunder
Heruler

Nichtgermanische Völker:
Hunnen
Alanen
Awaren
Slawen

Das Mittelalter

Das Mittelalter umfasst in der europäischen Geschichtsschreibung den Zeitraum zwischen der Antike und der Neuzeit. Der Beginn und das Ende des Mittelalters werden traditionell durch zwei bzw. drei Umwälzungen markiert. Einerseits durch den Untergang Westroms 476 bzw. die Errichtung des Langobardenreiches in Italien 568 und andererseits durch die Entdeckung und Eroberung der Neuen Welt seit 1492. Die genaue zeitliche Abgrenzung des Mittelalters zu Antike und Neuzeit ist in der neueren Forschung umstritten.

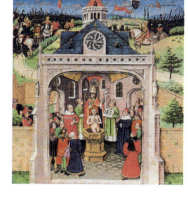

Taufe Chlodwig I.

Zeitliche Einordnung

Bei genauerer Betrachtung erscheint es schwierig, klare Trennlinien zu ziehen, die nicht allein politische Veränderungen, sondern auch gesellschaftliche, kulturelle, philosophische und ethnische Veränderungsprozesse in angemessener Form berücksichtigen. Falls darüber hinaus auch außereuropäische Entwicklungen berücksichtigt werden sollen, erscheint die zeitliche Position des Mittelalters endgültig unhaltbar. Fest steht auf jeden Fall, dass die moderne Mittelalterforschung inzwischen das von der „vernunftstolzen Aufklärung" verhängte Urteil vom „finsteren Mittelalter" zurechtgerückt und seine Vielgestaltigkeit herausgestellt hat. Das Mittelalter wird daher nicht als in sich geschlossener Zeitraum betrachtet, sondern weiterhin unterteilt in **Frühmittelalter**, **Hochmittelalter** und **Spätmittelalter**.

Das Frühmittelalter

Im Frühmittelalter wird das römische Weltreich, also Europa und der Mittelmeerraum, von außen durch die beginnende germanische Völkerwanderung, ausgelöst

Leo III. krönt Karl d. Gr.

durch den Hunneneinfall 375, in seinen Grundfesten schwer erschüttert. Spätestens 568 mit der Landnahme der Langobarden in Italien, welche die römische Verwaltungsstruktur durch eine germanische ersetzen, kann nicht mehr von einer antiken Ordnung gesprochen werden. Allerdings zerstören die Germanen die antike Kultur und ihre Strukturen nicht vollständig, sondern teilweise wird Bestehendes auch in die eigene Kultur einbezogen. Mit dem Zerfall des Römischen Reiches bilden sich kleinere Herrschaftseinheiten; die übergeordnete Herrschaftsgewalt und die überkommenen einheitlichen Verwaltungsstrukturen brechen zusammen. Grundlage aller Herrschaft bildet die Verfügungsgewalt über das Land und die darauf lebenden Personen, wobei die Herrschaft von einer durch ihren Grundbesitz legitimierten Adelsschicht ausgeübt wird. Die auf verwandtschaftlichen Beziehungen fußenden Personenverbände werden durch grundherrschaftliche und später lehensrechtliche Beziehungen allmählich ausgeweitet und im so genannten Personenverbandsstaat zusammengefasst, an dessen Spitze der König steht. Als sich **Karl d. Gr.** (747–814) als erster fränkischer König am Weihnachtsabend des Jahres 800 in Rom von Papst **Leo III.** (seit 795 Papst) zum Kaiser krönen lässt, wird das Königtum durch diesen Akt erheblich aufgewertet. Gleichzeitig entfernt sich das Papsttum endgültig vom Byzantinischen Reich und leitet damit die Trennung des westlichen Abendlandes vom östlich geprägten Byzanz ein.

Das Hochmittelalter

Als Beginn des Hochmittelalters gilt die Entstehung des Deutschen Reiches im 10. Jh.: Das zunehmende Bevölkerungswachstum macht neue Produktionsmethoden erforderlich. Die gesteigerte Produktivität führt zu einem erheblichen Aufschwung in Handwerk und Handel und die Städte gewinnen an Bedeutung. Das Verhältnis zwischen weltlicher und geistlicher Gewalt wird seit den Reformpäpsten des 11. Jhs. auf eine neue Grundlage gestellt. Die Kirche besitzt mit ihrer klaren

Hierarchie, an deren Spitze nunmehr unangefochten der Papst steht, die am besten entwickeltsten Herrschafts- und Verwaltungsstrukturen.

Das Papsttum verfügt nicht nur über ausgedehnten Landbesitz in Italien, sondern stellt die traditionelle Gleichberechtigung von geistlicher und weltlicher Herrschaft in grundsätzlicher Form infrage. Das reformierte Papsttum beansprucht unter dem Einfluss der cluniazensischen Bewegung die völlige Freiheit der Kirche vom Staat. Der Papst wird zum Stellvertreter Gottes auf Erden deklariert, dem jede Kreatur unterworfen sein soll, auch der Kaiser. Das Papsttum legt mit seinen massiven Gehorsamsforderungen den Grundstein zur religiösen Ordnung, die das Hochmittelalter bestimmt und erhebt gleichzeitig Anspruch auf eine maßgebliche Mitbestimmung bei der Gestaltung des politischen und gesellschaftlichen Lebens. Der äußerst weit gehende Herrschaftsanspruch Papst **Gregors VII.** (um 1020–85) und der auf seine hergebrachten Rechte pochende **Heinrich IV.** (1050–1106) führen zum Investiturstreit, aus dem das Papsttum nach dem Canossagang Heinrichs 1077 zumindest ideell gestärkt hervorgeht. Zur gleichen Zeit vollzieht sich im Abendland ausgehend von Cluny und anderen Abteien eine Reform des benediktinischen Mönchtums. Auch der kulturelle Bereich wird von einer überall erkennbaren Aufbruchstimmung erfasst: Neue Bildungseinrichtungen und die ersten Universitäten werden gegründet. Das Kirchen- und Zivilrecht wird systematisiert und die Wissenschaften erleben einen Aufschwung aufgrund neuer Fragestellungen und Methoden. Die Beschränkung auf rein theologische Themen in der Literatur wird aufgehoben. In der Architektur erlebt die Romanik ihren Höhepunkt, wobei die für die kommenden Jahrhunderte stilprägende Gotik sich bereits anzukündigen beginnt. Insgesamt wächst Europa zu einer neuen Einheit zusammen. Wirtschaftlich verbunden durch den länderübergreifenden Handel vor allem italienischer Kaufleute und getragen von der einigenden Kraft der zur alles überragenden Institution gewachsenen Kirche. Dies zeigt sich in besonders eindrucksvoller Form durch die Mobilisierung von Menschen aus sämtlichen Schichten der Bevölkerung Europas für die Kreuzzugsbewegung zur Befreiung der heiligen christlichen Stätten aus der Hand des Islams.

Das Spätmittelalter

Mit der Wende vom 12. zum 13. Jh. vollzieht sich der Übergang vom Hoch- zum Spätmittelalter. Wichtige Ereignisse dieser Epoche sind der Fall Jerusalems 1187 und die Reduktion des ursprünglichen Kreuzzugsgedankens auf dem vierten Kreuzzug 1202 auf eine reine Eroberungspolitik. Weitere zentrale Weichenstellungen erfolgen in Frankreich, wo sich die Erblichkeit der Monarchie durchsetzt. Diese Entscheidung führt allmählich, trotz Rückschlägen wie dem Hundertjährigen Krieg gegen England 1339–1453, letztlich zur Herausbildung eines englischen Nationalstaates. In Deutschland behauptet sich im Gegensatz dazu das Wahlprinzip des Königtums, womit die Reichsgewalt seit dem Tode des letzten großen staufischen Kaisers, **Friedrich II.** (1194–1250), immer weiter abnimmt. Aufgrund dieser Lage kann in Deutschland bis 1806 keine einheitliche, übergreifende Herrschafts- und Verwaltungsstruktur entstehen. Die Reichsrechte gehen auf die Städte und Fürsten über. Am Ende des Mittelalters sieht sich das christliche Abendland durch den Islam mit einer erneuten Bedrohung konfrontiert. Bereits seit der **Schlacht auf dem Amselfeld** (1389) beherrschen die türkischen Sultane den Balkan und 1529 belagern sie erstmalig auch Wien. Es gelingt Österreich jedoch, sozusagen in letzter Minute, die Bedrohung des Abendlandes aus dem Osten doch noch abzuwenden und in der Folgezeit zur europäischen Großmacht aufzusteigen.

Das Frankenreich

Aufgrund des Untergangs des Weströmischen Reiches und der Wanderung zahlreicher Völkerstämme in Richtung Süden entsteht in Mitteleuropa ein Machtvakuum, das die Franken mit ihrem gleichnamigen Reich ausfüllen. Das im Frankenreich herrschende Königsgeschlecht sind von 481–751 die Merowinger, deren Name auf den fränkischen Fürsten Merowech zurückgeht. Erst seinem Enkel Chlodwig I., dem Sohn seines Sohnes **Childerich I.** (466–511), gelingt es jedoch nach und nach, sämtliche anderen fränkischen Kleinkönige

Taufe Chlodwig I. (Miniatur 15. Jh.)

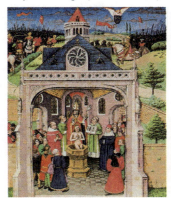

zu unterwerfen. Das Reich, mit Paris als neuem Zentrum, wird nach Chlodwigs Tod im Jahr 511 unter seinen vier Söhnen aufgeteilt. Einer der Brüder, **Chlothar I.** (500–560), vereinigt 558 das Reich wieder unter seiner Herrschaft. Auf Chlothar I. folgen sein Sohn **Chlothar II.** (584–629) sowie dessen Sohn Dagobert I., der von 629–639 als letzter starker merowingischer König regiert. Nach der Regentschaft Dagoberts I. wird das Reich mehrfach aufgeteilt. Da die einzelnen Könige untereinander in Machtkämpfen verstrickt sind, geht ihre Macht immer mehr auf den Adel über. Insbesondere an die so genannten Hausmeier, welche als Vorsteher des königlichen Haushaltes fungieren. Ab 639 stellen die Hausmeier de facto die herrschende Schicht dar und im Jahre 751 setzt infolge dieser Entwicklung der Hausmeier **Pippin d. Jüngere** (714–68) den merowingischen König Childerich III. ab, um selbst auf den Königsthron zu steigen. Die Herrschaft der Merowinger ist damit beendet. In Anlehnung an den Glanz des späteren Kaisers **Karls d. Gr.** wird Pippins Linie rückwirkend als diejenige der Karolinger bezeichnet. Als Pippin der Jüngere im Jahr 751 König Childerich III. absetzt, verfügt er über keinerlei erbliche Rechte auf den Thron. Wenngleich die Karolinger später versuchen, mittels manipulierter Stammbäume ihren Erbschaftsanspruch ebenfalls geltend zu machen, besitzt Pippin zum Zeitpunkt als er an die Macht gelangt, lediglich die breite Zustimmung der Masse des Volkes sowie den Segen des Papstes. Eine neue Form der Herrschaftslegitimation ist geboren. Ein König benötigt von nun an keinen erbschaftlichen Nachfolgebeweis mehr, sondern das Gottesgnadentum. Die Einsetzung des Herrschers durch Gott, dient somit als neue Herrschaftslegitimation. Als Gegenleistung für die Unterstützung des Papstes zieht Pippin in den Jahren 754 und 756 im päpstlichen Auftrag über die Alpen und besiegt die Langobarden. Die beiden Söhne Pippins, **Karlmann** (751–71) und Karl, erhalten beide einen Teil das Reiches als Erbe. Obwohl das Verhältnis zwischen den beiden Brüdern nicht frei von Spannungen ist, kommt es zu keinem bewaffneten Konflikt, da Karlmann im Jahr 771 unerwartet verstirbt.

Das Reich Karls d. Gr.

Karl I., d. Gr. (747–814) wird somit zum alleinigen Herrscher über das Frankenreich und erweitert es in der Folgezeit erheblich, sodass es schließlich die Gebiete des heutigen Frankreich, Deutschland, Österreich, der Schweiz, der Niederlande und Norditalien in sich vereint. Die Politik, Recht-

! Das Leben Karls des Großen

2. April 742/47 Geburt Karls in Aachen. Je nach Geburtsdatum ist er entweder ein unehelich oder ehelich geborenes Kind.
768 Nach dem Tod Pippins erben Karl (Nordreich) und sein jüngerer Bruder Karlmann (Südreich) dessen Reich.
4. Dezember 771 Karlmann stirbt nach kurzer Krankheit in Samoussy. Karl wird unumstrittener Frankenherrscher.
771/72 Heirat Hildegards, der Tochter eines fränkischen Adeligen.
772 Beginn der über 30 Jahre dauernden Sachsenkriege.
3. April 774 Als erster Frankenherrscher besucht Karl als Pilger Rom und wird zum König der Franken und Langobarden erhoben.
777 In der nach ihm benannten Karlsburg bei Paderborn hält Karl seine erste Heeresversammlung ab. Zahlreiche Sachsenstämme unterwerfen sich oder lassen sich zumindest taufen.
778 Die Truppen Karls fallen in Spanien ein, er erobert Pamplona, scheitert jedoch vor Saragossa.
14. April 781 Der Papst tauft Karls vierten Sohn Karlmann auf den Namen Pippin. Sein ältester Sohn Pippin wird von der Erbfolge ausgeschlossen.
16. April 781 Karls Söhne Pippin und Ludwig werden zu Königen von Italien und Aquitanien gesalbt.
25. Dezember 800 Kaiserkrönung durch Papst Leo in der Peterskirche in Rom.
804 Die letzte große Sachsenerhebung wird niedergeschlagen.
811 Karls ältester Sohn Pippin der Bucklige, sein Namensvetter und Unterkönig von Italien sowie Karl der Jüngere sterben beide im gleichen Jahr.
813 Am Aachener Hof krönt sich Ludwig zum Mitkaiser Karls.
28. Januar 814 Tod Karls in Aachen.

sprechung und Kultur der von ihm eroberten Gebiete verschmilzt Karl d. Gr. mit dem Christentum und anderen germanischen Traditionen. Auf diese Weise schafft er die Grundlagen für ein gemeinsames Europa. Die Kaiserkrönung Karls im Jahre 800 überträgt das Imperium Romanum auf die Franken. Der Kaiser wird zum Schutzherr der römischen Christenheit.

Das Abendland besitzt nun zugleich ein geistliches und weltliches Oberhaupt. Zugleich ist mit der Kaiserkrönung die Basis für den späteren mit aller Gewalt ausgetragenen Herrschaftskonflikt zwischen Papsttum und Kaisertum gelegt.

Nach dem Tod **Ludwigs I.** (778–840), der Karl d. Gr. als Kaiser beerbt, ringen seine drei Söhne um den Kaisertitel und teilen im Jahre 843 das Frankenreich im Vertrag von Verdun unter sich auf.

> **! Die Entwicklung des Frankenreiches**
>
> **481** Tod Childerichs I.
> **493** Übertritt Chlodwigs I. zum christlichen Glauben.
> **517** Das Frankenreich übernimmt das Römische Recht.
> **638** Tod Dagoberts I.
> **687** Pippin der Mittlere erhält das Hausmeieramt über das ganze Frankenreich.
> **742** Karl d. Gr. wird geboren.
> **751** Der Merowingerkönig Childerich III. wird von Pippin dem Kleinen abgesetzt.
> **768** Pippin der Kleine stirbt. Karl d. Gr. und sein Bruder Karlmann teilen sich das Reich.
> **771** Karlmann stirbt. Karl d. Gr. wird Alleinherrscher über das Frankenreich.
> **814** Karl d. Gr. stirbt. Sein Nachfolger wird sein Sohn Ludwig I., der Fromme.
> **840** Ludwig I., der Fromme, stirbt. Sein Sohn Lothar I. wird sein Nachfolger.
> **841** Karl II., der Kahle, und sein Halbbruder Ludwig der Deutsche besiegen Lothar I.
> **843** Das Reich wird in ein Mittel-, Ost- und Westreich geteilt.

Die Macht des Karolingerreichs ist damit gebrochen. In den drei Teilreichen ergreifen im Laufe der nächsten 150 Jahre allmählich andere Herrscher die Macht. Am längsten bleiben die Karolinger im späteren Frankreich an der Macht, die erst im Jahre 987 von den Kapetingern abgelöst werden.

Die Entstehung des Deutschen Reiches

Das von Karl d. Gr. geschaffene Großreich zeigt bereits unter seinem Nachfolger, Ludwig dem Frommen, erste Verfallserscheinungen. Dynastische Konflikte führen zu den Herrschaftsteilungen von Verdun, Meersen und Ribémont. Als schließlich noch eine Invasionswelle von der Mitte des 9. bis zur Mitte des 10. Jh. das Reich bedroht, zerbricht seine Einheit endgültig und die jeweiligen Teilstaaten gehen eigene Wege. Innerhalb eines Jahrhunderts entstehen so aus dem karolingischen Imperium ein westliches und östliches Frankenreich sowie ein burgundisches, ein provenzalisches und ein italienisches Königtum. Aufgrund der Unfähigkeit der Nachfolger Karls d. Gr., die Landesgrenzen zu schützen, bilden sich zahlreiche lokale Gewalten, welche diese Aufgabe übernehmen. In Sachsen und Bayern übernehmen die Markgrafen den Grenzschutz und gewinnen auf diese Weise eine herzogliche Stellung. Am Beginn der deutschen Geschichte stehen mit Bayern, Sachsen, Schwaben, Franken und Lothringen insgesamt fünf Stammesherzogtümer als beinahe autonome Herrschaftsgebilde. Die Ausbildung einer starken Zentralregierung wird durch sie unmöglich gemacht. Während **Konrad I.** (gest. 918) mit dem Versuch scheitert, die Macht der Herzöge zu brechen, gewinnt **Heinrich I.** (875–936) ihre Unterstützung durch Anerkennung der herzoglichen Gewalt. Er sieht sich als „Primus inter pares", verlangt jedoch Anerkennung und Lehnseid. Hinzu kommen die außenpolitischen Erfolge Heinrichs: Er gewinnt Lothringen zurück, unterwirft die slawischen Stämme an der Elbe und stellt die karolingische Mark zwischen Eider und Schlei wieder her. Die Ausbildung der deutschen Stammesherzogtümer vollzieht sich daher insgesamt als ein allmählicher Prozess, der während der Regierung **Karls III.** (876–887) beginnt und mit dem Tod **Konrads I.** (919) seinen vorläufigen Abschluss erreicht.

Die Ottonen

Mit der Herrschaftszeit der Ottonen beginnt das Zeitalter des

Ottonische Kunst: Vergoldeter Einbanddeckel des Codex aureus

Hochmittelalters. Als im Jahre 911 durch den Tod **Ludwigs des Kindes** (893–911) die ostfränkische Linie der Karolinger erlischt, unterstellen sich die Franken, Sachsen, Schwaben und Bayern nicht dem westfränkischen König Karl dem Einfältigen, sondern krönen in Forchheim stattdessen den Frankenherzog Konrad zum König. In der Außenpolitik wird die Regierungszeit Konrads I. vor allem durch die ungarische Bedrohung bestimmt. Im Inneren bleiben die Auseinandersetzungen mit den Stammesherzögen auf der Tagesordnung. Seinem Nachfolger Heinrich aus dem Geschlecht der Ottonen, gelingt es, den Zusammenhalt des werdenden Deutschen Reiches zu festigen.

Durch den Bonner Freundschaftsvertrag wird **Heinrich I.** (875–936) 921 vom karolingischen Westfrankenkönig Karl als gleichberechtigter Partner anerkannt. Im Jahre 925 kann er das vorher abtrünnige Lothringen als fünftes Stammesherzogtum seiner Herrschaft unterordnen. Der Bestand des aus dem karolingischen Großreich hervorgegangenen Ostfränkisch-deutschen Reiches bleibt auch nach dem Tode Heinrichs I. (936) gewahrt. Im Gegensatz zur karolingischen Praxis der Herrschaftsteilung wird von mehreren regierungsfähigen Söhnen des Königs immer nur der älteste, in diesem Fall Otto, als Nachfolger bestimmt.

Otto d. Gr. und seine Nachfolger

Otto I., d. Gr. (Reg. 936–73) zeigt sich schon durch seine Königskrönung in Aachen als eindeutiger Vertreter der karolingischen Tradition. Indem er sich auf den Thron Karls d. Gr. begibt, demonstriert er, dass er sich als unmittelbarer Nachfolger des großen Kaisers betrachtet. Am 2. Februar 962 wird Otto durch Papst Johannes XII. in der Peterskirche in Rom zum Kaiser gekrönt, ein Ereignis, das weit reichende Folgen für die europäische Geschichte besitzt: Das Kaisertum ist von diesem Zeitpunkt an nicht nur mit dem ostfränkisch-deutschen Königtum und seiner Thronfolge verbunden, sondern es wird zugleich auch in aller Klarheit deutlich, dass nunmehr allein dem Papst in Rom die notwendige Autorität zur Kaiserkrönung zukommt.

Der Sohn und Nachfolger Ottos d. Gr., **Otto II.** (Reg. 973–83), der bereits zu Lebzeiten seines Vaters 967 vom Papst zum Mitkaiser gekrönt wird, ist allerdings gezwungen gegen Ende seiner Herrschaftszeit schwer wiegende Rückschläge hinzunehmen. In der Schlacht bei Cotrone in Kalabrien wird er im Jahre 982 von den Sarazenen geschlagen. Hinzu kommt im folgenden Jahr eine blutige Erhebung der Dänen und Slawen an der deutschen Nord- und Ostgrenze.

Die Regierung **Ottos III.** (Reg. 983–1002), der beim Tode seines Vaters erst drei Jahre alt ist, wird zunächst durch seine Mutter Theophanu und seine Großmutter Adelheid ausgeübt. Nach seiner Mündigkeit bemüht er sich, das Programm der Renovatio imperii, der Erneuerung des römischen Kaisertums, zu verwirklichen. Rom soll als Sitz von Kaiser und

Krone von Otto I.

Papst Zentrum der Weltherrschaft werden, doch der Kaiser stirbt bereits im jungen Alter von 21 Jahren. Sein Nachfolger **Heinrich II.** (Reg. 1002–24) konzentriert den Schwerpunkt seiner Herrschaft aber wieder nach Deutschland. Da Heinrich II. aber keine Nachkommen hinterlässt, endet mit ihm schließlich auch die Ottonenzeit.

! Zeittafel

22. November 912 Geburt Otto d. Gr.
Mai 919 Ottos Vater, Heinrich I., wird in Fritzlar zum König der Franken und Sachsen gewählt.
8. August 936 Erhebung Ottos I. zum König.
951 Heirat Ottos mit Adelheid, der Witwe Lothars von Italien; Anspruch auf Norditalien.
2. Februar 962 Krönung Ottos d. Gr. zum Kaiser.
973–983 Herrschaftszeit Ottos II.
983–1002 Herrschaftszeit Ottos III.
1002–24 Herrschaftszeit Heinrichs II.
1004 Krönung von Heinrich II. zum König in Pavia.
1014 Kaiserkrönung Heinrichs II. in Rom.
1024 Mit dem Tod Heinrichs II. endet das Ottonische Geschlecht.

Die Salier

Nach dem Tod Heinrichs II. im Jahre 1024 wird mit Konrad der erste Salier zum König gewählt. **Konrad II.** (990–1039) bemüht sich, die königlichen Rechte und Besitzungen zu wahren, wird 1027 in Rom zum Kaiser gekrönt und stellt seine Qualitäten als frommer König durch die Gründung des Speyerer Domes als Familiengrab unter Beweis. Ein intensiver Förderer der Kirchenreform ist sein Sohn **Heinrich III.** (1017–56), der ihm 1039 im Königtum folgt. Er bekämpft energisch die Priesterehe (Nikolaitismus) und den Ämterkauf (Simonie), die bereits seit längerer Zeit zur fragwürdigen alltäglichen Praxis der Kirche gehören. Als Schutzherr der römischen Kirche kümmert er sich auch um die Angelegenheiten des Papsttums: Die Synoden von Sutri und Rom (1046) richten sich nach seinem Gebot, als sie drei konkurrierende Päpste allesamt für abgesetzt erklären. Heinrich III. stirbt bereits früh im Alter von 39 Jahren im Jahre 1056. Sein damals gerade erst sechsjähriger Sohn Heinrich IV. tritt seine Nachfolge an.

Heinrich IV. (1050–1106) sieht sich im Investiturstreit mit dem Papst von diesem gezwungen im Jahre 1077 den Bußgang nach Canossa anzutreten, um sein Königtum zu retten. Trotzdem wählen die deutschen Fürsten den Schwabenherzog Rudolf von Rheinfelden zum Gegenkönig. Heinrich gelingt es jedoch im Laufe der Zeit, sich gegen den Gegenkönig durchzusetzen. **Heinrich V.** (1086–1125), sein Sohn, der zuvor den Vater vom Thron gezwungen hat, beendet den Investiturstreit durch das Wormser Konkordat von 1122. Der kinderlose Tod Heinrichs V. im Jahre 1125 bedeutet schließlich das Ende der Königsherrschaft der Salier.

Der Investiturstreit

Die zunehmende Entfremdung von geistlicher und politischer Gewalt führt über die Kirchenreform, die ab 1050 einsetzt, zum großen Konflikt des Investiturstreits, der von 1075–1122 andauert. Da die Macht der Kirche im Verlauf des 11. Jhs. beständig wächst, wird im Jahre 1059 auf der Ostersynode von Lateran von kirchlicher Seite aus die Einführung des Zölibats und die Abschaffung des Verkaufs von Kirchenämtern und der Laieninvestitur gefordert. **Papst Gregor VII.** (1019–85) bekräftigt (1075) das Verbot der Laieninvestitur, welche vorsieht, dass Bischofsämter durch den Kaiser oder Fürsten besetzt werden können, und erhebt zudem im selben Jahr in seinem

Heinrich IV. und Gregor VII., Miniatur

Dictatus Papae den Papst bezüglich seines Herrschaftsstatus über den Kaiser.

Der offene Konflikt zwischen Kaiser und Papst

Zur Eskalation des Konfliktes zwischen Kirche und Kaiser kommt es dann nach dem Tod des Mailänder Erzbischofs. Der Papst stellt sich bei der Nachfolgefrage auf die Seite der so genannten **Patria**, einer Bewegung städtischer Unterschichten, die den Klerus mit ihren Reformforderungen bedrängen und die Absetzung der reichen königstreuen Bischöfe in Oberitalien anstreben. Die Patria will einen eigenen Erzbischof installieren, der König setzt jedoch stattdessen seinen Kandidaten in der Person von Gottfried als neuen Erzbischof ein. Der Papst droht König Heinrich IV. daraufhin mit dem Kirchenbann. Im Gegenzug beruft der König im Jahre 1076 die Synode von Worms ein, um Papst Gregor absetzen zu lassen. Heinrich kann bei seinem zweifellos äußerst gewagten Vorhaben zumindest auf die Ergebenheit der königstreuen Bischöfe bauen, da diese allein um ihre Privilegien besorgt sind. Dies führt dazu, dass 24 Bischöfe und zwei Erzbischöfe dem angeblich unrechtmäßigen Papst den Gehorsam aufkündigen. Die Reaktion des Papstes besteht daraufhin darin, den König zu exkommunizieren und nicht mehr als König anzuerkennen. Dies führt 1076 zunächst zu einer Art Pattsituation: Der Papst ist durch den König abgesetzt worden, der dafür seinerseits wiederum den König exkommuniziert hat. Die deutschen Fürsten sehen angesichts dieser Situation die Chance einen Gegenkönig zu wählen, was Heinrich nur ganz knapp verhindern kann. Er erhält von den Fürsten anschließend die Möglichkeit, binnen eines Jahres den päpstlichen Kirchenbann wieder rückgängig zu machen.

Der Gang nach Canossa und seine Folgen

Heinrich bleibt also nichts anderes übrig als seine Bußreise nach Canossa anzutreten. Am 25. Januar des Jahres 1077 steht er schließlich vor den Toren der Festung Canossa, in die sich Papst Gregor VII. zurückgezogen hat. Drei Tage lang bittet er in wollenem Gewand und barfüßig im Schnee den Papst um Vergebung sowie seine Wiederaufnahme in die Kirche. Gregor bleibt nun seinerseits nichts anderes übrig, als Heinrichs Bitten zu erhören und ihm die erneute Absolution zu erteilen. Die deutschen Fürsten beschließen unterdessen, die einjährige Frist nicht abzuwarten und wählen Rudolf von Rheinfeld zu ihrem Gegenkönig, der dem Papst sofort die Treue schwört. Gregor VII. spricht nun erneut einen Kirchenbann über Heinrich IV. aus. Gegenkönig Rudolf stirbt jedoch an den Folgen seiner Schlachtverletzungen im Jahr 1080 und Heinrich ist erneut wieder obenauf. Er lässt Erzbischof Wilbert von Ravenna zum Papst Clemens III. ernennen und dreht damit gewissermaßen den Spieß wieder um. Gregor VII. sieht sich nun plötzlich mit einem Gegenpapst konfrontiert, und wenig später gelingt es Heinrichs Truppen im dritten Anlauf, auch noch die Stadt Rom zu erobern. Gregor ist deshalb gezwungen zu seinen normanni-

Gang nach Canossa, Miniatur

schen Verbündeten zu fliehen und stirbt später im Exil. Das Ende des Investiturstreits wird schließlich durch das Wormser Konkordat im Jahr 1122 besiegelt. Das Recht des Königs, die Bischöfe in ihr Amt einzusetzen, ist bereits zum festen Gewohnheitsrecht geworden. Angesichts dieser Situation einigt man sich darauf, dass der König in Zukunft lediglich die weltliche Investitur vornehmen darf, während der Kirche die geistliche Investitur vorbehalten bleibt. Eine Kompromisslösung, die auf einen Sieg des Papsttums hinausläuft, das zweifellos erheblich gestärkt aus der Auseinandersetzung zwischen geistlicher und weltlicher Gewalt hervorgeht, da es fortan eine vom Kaisertum unabhängige Macht darstellt. Der eigentliche Gewinner des Investiturstreits ist jedoch der hohe Adel. Er eignet sich auf Kosten des empfindlich geschwächten Königtums neue Hoheitsrechte an und setzt das Königswahlrecht durch, womit das ottonische Reichskirchensystem endgültig sein Ende findet.

Die Kreuzzüge

In seiner Rede auf der Synode von Clermont ruft **Papst Urban II.** (1035–99) im Jahr 1095 die Christenheit zum Kreuzzug gegen die Ungläubigen auf. Der Wanderprediger **Peter von Amiens** (1050–1115) nimmt dies zum Anlass, um als selbst ernannter Ritter eine Heerschar von Bauern zusammenzustellen und mit ihnen nach Konstantinopel zu ziehen. Sein gänzlich undiszipliniertes Heer beginnt schon während der Reise mit unerlaubten Plünderungen und wird am Zielort in der Gegend von Nicomedia von den Muslimen rasch vernichtend geschlagen – sicherlich kein besonders glorreicher Auftakt für die Kreuzzugsbewegung.

Die ersten Kreuzritter sind zwar eigentlich dazu verpflichtet, dem oströmischen **Kaiser Alexios** (1048–1118) den Vasalleneid zu leisten sowie erobertes Land an Konstantinopel zu übergeben, halten sich jedoch nicht an ihr Versprechen. So kommt es zur Entstehung des ersten Kreuzfahrerstaates Edessa. Weitere kurzlebige Staatsgebilde folgen. Insge-

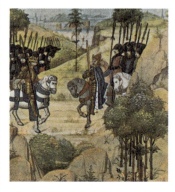

Konrad III.

samt werden sieben größere Kreuzzüge gestartet. Der erste ist für die Kreuzritter direkt ein voller Erfolg und führt zur Eroberung Jerusalems. Nachdem die Muslime 1144 die Grafschaft Edessa zurückerobern, drängt **Bernhard von Clairvaux** (1091–1153) auf einen zweiten Kreuzzug. Dieser Kreuzzug erweist sich jedoch als Fehlschlag und führt zum Verlust Jerusalems im Jahr 1187. Im Juli 1190 macht sich König Richard I., genannt Löwenherz, in Richtung Palästina zu einem dritten Kreuzzug auf. Zypern wird zum insgesamt fünften Kreuzfahrerstaat, doch es gelingt nicht, Jerusalem zurückzuerobern. Der vierte Kreuzzug erreicht aufgrund der Intrigen Venedigs niemals Jerusalem. Der venezianische Doge Enrico Dandolo nutzt stattdessen die Gelegenheit, seine politischen Gegner durch die Kreuzritter auszuschalten und diese gegen Konstantinopel marschieren zu lassen. Der fünfte Kreuzzug unter **Friedrich II.** (1194–1250) führt letztlich durch eine Verhandlungslösung zur erneuten christlichen Herrschaft über Jerusalem. Der sechste Kreuzzug 1248 hat im Gegensatz dazu wenig erfolgreich die Gefangennahme **Ludwigs IX.** (1214–70) und seines Heeres zur Folge, während der siebte und letzte Kreuzzug mit dem Tod Ludwigs vor Tunis im Jahr 1270 auf dem Weg ins heilige Land endet.

Infolge der Kreuzzüge wird das einst blühende syrisch-palästinensische Gebiet durch die ständigen

> **! Zeittafel**
>
> **1095** Papst Urban II. ruft zum 1. Kreuzzug auf.
> **1096–99** 1. Kreuzzug unter Gottfried von Bouillon; Eroberung Jerusalems.
> **1147–49** 2. Kreuzzug.
> **1187** Das christliche Königreich Jerusalem wird von den Muslimen zurückerobert.
> **1189–92** 3. Kreuzzug.
> **1202–04** 4. Kreuzzug
> **1204** Eroberung und Plünderung Konstantinopels durch die Kreuzfahrer.
> **1228–29** 5. Kreuzzug; friedlicher Vertrag zwischen Friedrich II. und Sultan al-Kamil.
> **1244** Jerusalem wird von den Muslimen zurückerobert.
> **1248–54** 6. Kreuzzug unter Ludwig IX. von Frankreich gegen Ägypten.
> **1270** 7. Kreuzzug; König Ludwig IX. von Frankreich stirbt an der Pest.
> **1291** Akkon, die letzte Festung der Christen im Heiligen Land, fällt.
> **1303** Der letzte Stützpunkt der Christen im Orient wird aufgegeben.
> **1309–77** Babylonische Gefangenschaft der Päpste in Avignon, Ende der päpstlichen Weltherrschaft.
> **1453** Fall Konstantinopels.

Gottfried von Bouillon

Gefechte zwischen Christen und Moslems erheblich in Mitleidenschaft gezogen. Das von den Kreuzfahrern geschwächte Konstantinopel kann dem Druck aus dem Osten nicht länger standhalten. Sultan Mehmed II. gelingt es daher 1453 Konstantinopel zu erobern.

Gewinn zieht vor allem das Papsttum aus den Kreuzzügen, die zu einer erheblichen Steigerung seines Ansehens beitragen. Ansonsten profitieren insbesondere die Städte Venedig, Genua und Pisa sowie generell die deutschen, italienischen und französischen Handelsstädte von den Kreuzzügen, die als Nebeneffekt den Übergang von der Tausch- zur Geldwirtschaft befördern.

Die Staufer

Das schwäbische Fürstengeschlecht der Staufer stellt in der Zeit von 1138–1254 einige der berühmtesten deutschen Kaiser und Könige. Der bekannteste unter ihnen ist Kaiser **Friedrich I.** (1122–1190), der aufgrund seines roten Haares von den Italienern Barbarossa genannt wird. Das Ringen der Staufer um die Macht beginnt mit dem Tode des kinderlosen Saliers Heinrich V. Nach seinem Tod wählen die Fürsten nicht dessen Neffen, den legitimen Thronanwärter Friedrich von Hohenstaufen, sondern Lothar von Sachsen zum König. Damit ist der Konflikt zwischen Welfen und Staufern vorgezeichnet. Da die Reichsfürsten dem Sohn Lothars, Heinrich dem Stolzen, nicht trauen, umgehen sie nach dem Tod Lothars den Anspruch Heinrichs, sodass schließlich der Staufer **Konrad III.** (1093–1152) die Krone erhält. Nach seinem Tod wird Friedrich von Schwaben zum König gewählt.

Konrad III. hat zwar zuvor jahrelang gegen die Welfen Krieg geführt, doch Friedrich I., Barbarossa, strebt während seiner Amtszeit nach einem Friedensschluss zwischen den beiden verfeindeten Geschlechtern. Friedrich I. will die Macht des Reiches in der alten Dreieinigkeit von Deutschland, Italien und Burgund wiederherstellen („Renovatio imperii"), einen fest gefügten Lehensstaat errichten und zugleich die Königsmacht stärken.

Die Nachfolger Barbarossas

Heinrich VI. (1165–97), der Sohn Barbarossas, entspricht dagegen in keinster Weise dem strahlenden Ebenbild seines Vaters, der aufgrund seiner Tapferkeit dem Idealbild des mittelalterlichen Königs sehr nahe kommt. Er ist von eher zierlicher Gestalt, dafür jedoch ein ziemlich heller Kopf. Seine politischen Ziele verfolgt er ohne Rücksicht auf Verluste, wobei er als Endziel insgeheim von einem staufischen Weltreich träumt.

In Deutschland kommt es (1198) zu einer so genannten Doppelwahl: Während eine Fürstengruppe Philipp, den Bruder Heinrichs VI., zum König wählt, entscheidet sich eine andere für den Welfen **Otto IV.** (1177–1218). Es entsteht somit ein deutsches Doppelkönigtum. Erst nach dem Tod Philipps kann Otto sich gänzlich durchsetzen, der schließlich auch die Würde der Kaiserkrönung erlangt. Da Otto IV. den Faden der altstaufischen Politik in Italien wieder aufnimmt und nach der Herrschaft über Sizilien strebt, wendet sich der Papst von ihm ab, um sich für die Wahl **Friedrichs II.** (1194–1250) zum deutschen König stark zu machen, woraufhin (1212) der Sohn Heinrich VI. zum König gekrönt wird. Nach dem Tod Friedrich II. macht sich sein einziger legitimer Nachfolger, **Konrad IV.** (1228–54) auf den Weg nach Sizilien, um dort die Herrschaft zu übernehmen.

Der Niedergang der Staufer

Manfred, ein illegitimer Sohn Friedrichs II., löst Konrad nach seinem Tod (1254) mit der sizillischen Herrschaft ab. In der Schlacht von Benevent verliert Konrad sein Leben. Danach bemüht sich **Konradin** (1252–68), der Sohn Konrads IV., sein Erbe zurückzugewinnen (1267). Er gerät jedoch in der Schlacht bei Tagliacozzo in Gefangenschaft und wird in Neapel öffentlich hingerichtet, womit der Untergang des einstmals so stolzen Herrschergeschlechts der Staufer besiegelt ist. Die Verbindung Siziliens mit dem Reich erweist sich somit als äußerst unheilvoll für die Staufer, da das Papsttum aus Furcht, von der „staufischen Zange" erwürgt zu werden, alles dafür tut, um einen Dynastiewechsel zu erreichen. Die Hinrichtung Konradins ist die logische Konsequenz aus dieser für das Schicksal der Staufer äußerst verhängnisvollen Entwicklung. Nach dem Untergang des staufischen Geschlechts schlagen die Hauptteile des Reiches eigene Wege ein. Während des anschließenden Interregnums festigen die deutschen Landesherrn ihre Stellung. In Italien herrschen unterdessen anarchische Zustände, während Sizilien an das Haus Anjou fällt.

Der Deutsche Orden und die Besiedlung Osteuropas

Das Deutsche Reich grenzt im Osten längs der Elbe an zahlreiche slawische Stämme, die untereinander stark zerstritten sind. Die Bildung einer slawischen Einheit unter **Boleslaw III.** (1085–1138) scheitert daher am Widerstand der slawischen Völker gegen eine polnische Oberherrschaft. Nachdem **Karl d. Gr.** (747–814) bereits die Wenden zwischen Saale und Oder unterworfen hat, unterwerfen **Heinrich I.** (875–936) und **Otto I.** (912–73) die Slawen zwischen Elbe und Oder. **Lothar von Sachsen** (gest. 1137) beginnt anschließend mit einer über zwei Jahrhunderte andauernden Siedlungsbewegung, welche das Gesicht Deutschlands und Osteuropas entscheidend mitprägt. Nach ihm stößt **Heinrich der Löwe** (1125–1190) weiter in östlicher Richtung vor. Holstein und Westmecklenburg werden erobert. Brandenburg und Pommern begeben sich freiwillig unter deutsche Hoheit. Mit dem Sturz Heinrichs des Löwen 1180 endet die militärische Eroberungsphase, die sich ab 1210 zu einer weit friedlicheren Besiedlungspolitik wandelt. Auf diese Weise werden Mecklenburg, Ostbrandenburg, Pommern, Schlesien, Nordmähren, Polen und der Ordensstaat (auch Deutscher Ordensstaat genannt) besiedelt. Der Ordensstaat umfasst zum Zeitpunkt seiner größten Ausdehnung Teile der heutigen Länder Polen, Russland, Lettland, Estland sowie Litauen. Der Orden erlebt seine Blütezeit im 14. Jh. und hat bis in das 16. Jh. Bestand.

Das Interregnum und der Niedergang des Königtumes

Vom Ende des Interregnums 1273 bis zur Goldenen Bulle 1356 stehen sich zwei Strömungen im Kampf um die Macht gegenüber. Das Königtum versucht seine Autorität zu stärken, während sich die Fürsten darum bemühen,

Papst Innozenz III. bestätigt die Regeln des Deutschen Ordens

die Zentralgewalt zu schwächen. **Rudolf von Habsburg** (1218–91) stellt als herausragend fähiger Herrscher Recht und Ordnung wieder her und bewahrt das Reich vor Chaos und Anarchie. Das Papsttum siegt zwar über die Staufer, gerät jedoch in Abhängigkeit vom französischen Königtum in der Babylonischen Gefangenschaft der Kirche in Avignon (1309–77). Die abendländische Einheit von geistlicher und weltlicher Macht zerfällt. Eine neue Ära, die mit dem Aufstieg nationalstaatlicher Gebilde verbunden ist, beginnt. Der Kurverein von Rhense beschließt, dass die Königswahl keiner päpstlichen Bestätigung bedarf. Mit der goldenen Bulle wird die Königswahl durch die Kurfürsten reichsrechtlich verankert. Die Macht der Fürsten wird somit gestärkt und die Wiederherstellung einer starken Zentralgewalt verhindert. Die Bestimmungen der Goldenen Bulle regeln fortan bis zum Jahre 1806 das Verhältnis zwischen Kaiser und Fürsten.

> **! Vom Interregnum zur Goldenen Bulle**
>
> **1273** Rudolf von Habsburg.
> **1314** Ludwig der Bayer (Wittelsbach).
> **1338** Kurverein von Rhense.
> **1347** Karl IV. (1316–1378).
> **1356** Goldene Bulle.

Die Reichs- und Kirchenreform

Während der äußerst langen Regierungszeit **Friedrichs III.** (1440–93) wird eine intensive Reichsreform durchgeführt, in deren Folge sich die Reichs- und Landtage konstituieren. In den Landtagen vereinigen sich die Landstände gegen die unabhängige Macht der Fürsten. Ihr wichtigstes Befugnis ist das Recht der Steuerbewilligung. Der dualistische Ständestaat entsteht. Das Reichsregiment wird als ständige Regierungsbehörde vom Kaiser und den Reichsständen gebildet. Auf dem Reichstag zu Worms 1495 wird das Reichskammergericht reorganisiert. Als Reichssteuer wird vorläufig der „gemeine Pfennig" vereinbart. Aufgrund der zahlreichen Missstände in der Kirche kommt es zugleich zu einer umfassenden Kirchenreform. Der Primat des Papsttums wird durch **John Wiclif** (1324–84), der als Professor in Oxford lehrt, infrage gestellt. **Jan Hus** (1370–1415) fordert in Anlehnung an Wiclif Laienkelch und Armut des Klerus. Der Dominikanermönch **Girolamo Savonarola** (1452–98) errichtet seinerseits nach der Vertreibung der Medici durch Karl VIII. eine gottesrechtliche Demokratie, die jedoch mit seiner Hinrichtung schon bald wieder zusammenbricht.

Das Konzil zu Pisa 1409 bemüht sich erfolglos um die Beseitigung des Schismas, da es seit 1378 jeweils einen Papst in Avignon und Rom gibt. Auf dem **Konstanzer Konzil** 1414–18 wird das Schisma durch die Wahl **Martins V.** (1368–1431) schließlich beseitigt. Eine durchgreifende Kirchenreform, die durch das **Basler Konzil** 1431–49 verwirklicht werden soll, scheitert jedoch am massiven Widerstand des Papsttums.

Die Hanse und andere Städtebünde

Die deutschen Städte entwickeln sich im Spätmittelalter zu sehr lebendigen Handelsmetropolen. Insbesondere durch den Handel mit Oberitalien und Flandern und rege Aktivitäten in Handwerk und Kunst werden sie zu Zentren des Wohlstands. Das Unternehmertum der Bürger bildet die Grundlage zum Frühkapitalismus. Einige der mächtigsten Städte geraten dabei in Gegensatz zu den Fürsten, da sie im Laufe der Zeit beachtlichen Landbesitz anhäufen. Angesichts des Fehlens einer starken Zentralgewalt vereinigen sich die Städte zu Städtebünden. Der Städtebund der Hanse umfasst zeitweise über 150 Städte, kontrolliert nicht nur den Handel von Flandern und Bergen bis Nowgorod, sondern gewinnt auch ein erhebliches politisches Gewicht.

Neben einigen englischen und holländischen Gesellschaften, die ihre Profite in erster Linie durch den Gewürzhandel mit Ostindien erzielen, gehören die beiden Augsburger Häuser Fugger und Welser zu den bedeutendsten Handelshäusern jener Zeit. Beide beginnen als bescheidene Familienunternehmen und gelangen später zu weltweitem Ansehen. Auf die Dauer ist der Hansehandel, der sich lediglich auf Waren beschränkt, jedoch nicht konkurrenzfähig gegenüber den großen Handelshäusern wie den Fuggern

Hanse

oder Welsern, da letztere Waren- und Finanzgeschäfte geschickt miteinander zu kombinieren wissen. Ein weiterer Nachteil für die Hanse ist die Entdeckung des Seeweges nach Indien. Der Handel verlagert sich in der Folgezeit von der Nord- und Ostsee zunehmend zum Atlantik. Der Ausbruch des Dreißigjährigen Krieges sowie die Sonderinteressen einzelner Städtegruppen führen im 17. Jh. zum weiteren Niedergang der Hanse.

Die Reconquista

Aus dem Widerstand der Westgoten gegen die muslimische Eroberung 711 entsteht 1064 die so genannte Reconquista, der Kampf der christlichen Bevölkerung Spaniens gegen die arabische Herrschaft, die mit der Vertreibung der letzten Mauren und Juden aus Granada 1492 ihren Abschluss findet. Bis zum Jahr 1000 bilden sich in Spanien wieder fünf christliche Staaten: das Königreich León, das 35 Jahre später zum Königreich ausgerufene Kastilien, das baskische Königreich Navarra, das Königreich Aragonien sowie die Grafschaften in Katalonien, von denen Barcelona die bedeutendste ist.

In einer ersten Welle bis ca. 1000 gelangt die Reconquista bis zum Duero und der Spanischen Mark. Die zweite Welle erreicht Coimbra im Jahre 1064, Toledo im Jahre 1085, Saragossa 1118, Lissabon 1147 und schließlich Tortosa im Jahre 1148. Damit ist auch die portugiesische Reconquista abgeschlossen. In einer dritten Welle werden 1229 die Balearen, 1238 Valencia, 1236 Córdoba und im Jahre 1248 Sevilla zurückerobert. Mit der Rückeroberung Granadas im Epochenjahr 1492 durch **Isabella I. von Kastilien** (1451–1504) und **Ferdinand II.** (1452–1506) von Aragonien findet die Reconquista in Europa ihr Ende, die zugleich als Vorstufe zur überseeischen Expansion Portugals und Spaniens an der Schwelle zur Neuzeit fungiert.

! Zeittafel

1254 Rheinischer Städtebund.
1376 Schwäbisch-rheinischer Städtebund.
1388 Niederlage der Städte bei Döffingen und Alzey führt zur Auflösung des Bundes.
1358 Erstmalige Erwähnung der deutschen Städte von der deutschen Hanse.
1370 Hansefriede von Stralsund.
1494 Schließung des hansischen Kontors in Nowgorod.

Die Neuzeit

Tief greifende politische, soziale und kulturelle Wandlungen zeichnen die Wende zur Neuzeit aus. An die Stelle der Res Publica tritt das europäische Staatensystem, während die Wiederentdeckung der Antike dem Menschen ein neues Verhältnis zu Gott, Natur und Kunst gibt. Der Beginn der Neuzeit ist eng verbunden mit den Entdeckungen in Übersee, die den geistigen Horizont des Renaissance-Menschen erheblich erweitern.

Emblem der französischen Revolution

Zeitliche Einordnung

Die europäischen Großmächte Spanien, Portugal, Frankreich und England greifen nach den Schätzen und neuen Märkten Afrikas, Indiens und Amerikas. Im 17. und 18. Jh. entstehen die großen Kolonialreiche. Zugleich beginnt die Zeit der Aufklärung, die einen geistigen Aufbruch einleitet und im Weiteren auch zu bedeutenden Erfindungen und wissenschaftlichen Entdeckungen führt, von denen zunächst zwar in erster Linie die absolutistischen Monarchien profitieren, die jedoch gleichzeitig auch den Keim für die Französische Revolution und die frühen Verfassungsstaaten legen.

Die christlichen Reformbewegungen **Martin Luthers** (1483–1546) und **Johannes Calvins** (1509–64) markierten einen weiteren entscheidenden Wendepunkt: Die rund 1000-jährige abendländische Gesellschaft, die durch eine unauflösbare Verbindung der weltlichen und geistlichen Verfassung gekennzeichnet war, macht im 16. und 17. Jh. einen radikalen Wandel durch. Die Glaubensspaltung führt zur Konfessionalisierung und zur Territorialisierung, während das Papsttum einen starken Machtverfall erleidet.

Das Zeitalter der kolonialen Expansion

Zunächst zerfleischt sich Europa regelrecht im Rahmen ständig wechselnder Bündniskonstellationen in den Erbfolgekriegen des 18. Jhs. Das 19. Jh. ist hingegen gekennzeichnet durch das Entstehen zahlreicher Nationalstaaten, wobei der Ruf nach Freiheit und Selbstbestimmung nicht nur die Völker Europas erfasst, sondern auch auf die großen Kolonialreiche überspringt. Kaufleute und Könige machen sich zunächst jedoch aus primär wirtschaftlichen Motiven zu Entdeckungsreisen in die reichen Länder Indiens und Ostasiens auf. Eine Vorreiterrolle bei der Erkundung der außereuropäischen Welt übernimmt das kleine Königreich Portugal. Unter Prinz **Heinrich dem Seefahrer** (1394–1460) wird die afrikanische Küste in südlicher Richtung erfolgreich erforscht und 1488 eröffnet sich mit der Umschiffung des Kaps der Guten Hoffnung der Seeweg nach Indien. Im Auftrag der spanischen Krone segelt **Christoph Kolumbus** (1451–1506) nach Westen und entdeckt 1492 Amerika. Mit seiner Entdeckung verändert er das abendländische Weltbild und schafft die Voraussetzungen für das spanische Kolonialreich. Diesem fallen schon bald die indianischen Hochkulturen der Azteken und Inka zum Opfer, welche die Konquistadoren **Cortéz** (1485–1547) und **Pizarro** (1476–1541) blutig unterwerfen, während die Franzosen und Engländer sich zunächst auf die Erforschung der Küste Nordamerikas beschränken.

Das Zeitalter der konfessionellen Konflikte

Zur selben Zeit übt der Augustinermönch **Martin Luther** (1483–1546) scharfe Kritik am Ablasshandel, ohne jedoch von Anfang an mit seinen 95 Wittenberger Thesen tatsächlich eine Glaubensspaltung zu beabsichtigen. 1519 erfolgt dennoch der Bruch mit Rom und die Grundlegung seiner neuen Glaubenslehre, die sich mithilfe des Buchdrucks mit ungeahnter Geschwindigkeit in ganz Europa verbreitetet, sodass die deutschen Landesherrn

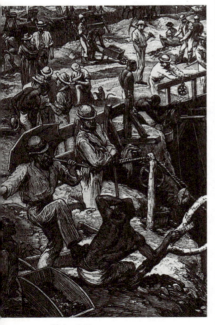

Kolonialismus

Westfälischer Friede

den neuen Glauben schnell aufgreifen. Sie eignen sich das Kirchengut an und führen eine evangelische Landeskirche ein.

Die Reformation setzt 1519 auch in der Schweiz ein; **Zwingli** (1484–1531) reformiert die Kirche in Zürich, während Calvin in Genf aktiv ist. Der Kalvinismus gewinnt besondere Bedeutung in Frankreich, den Niederlanden, Schottland sowie in Osteuropa. Die Anhänger des Kalvinismus in Frankreich, die Hugenotten, werden im Rahmen der acht **Hugenottenkriege** (bis 1598) grausam verfolgt. Der Widerstand der protestantischen böhmischen Stände gegen den katholischen König löst dann 1618 den **Dreißigjährigen Krieg** aus, der auf ganz Europa übergreift, als sich das 1630 in den Krieg eingetretene Schweden im Jahre 1636 mit dem katholischen Frankreich gegen den römisch-deutschen Kaiser verbündet. Der anschließende **Westfälische Frieden** fördert die Territorialisierung des Heiligen Römischen Reiches Deutscher Nation, während das Reich selbst geschwächt hinter den Mächten Frankreich, Schweden und den Niederlanden zurückbleibt. Durch den Vertrag von Tordesillas (1494) besitzt Spanien in Amerika eine mächtigere Stellung als Portugal. Spanien beherrscht bis 1765 den Kolonialhandel mit Westindien, verliert in der Folgezeit jedoch zunehmend seine Gebiete in Amerika und Westindien an England. Als führende See- und Handelsmacht gewährt England seinen Kolonien zwar Mitspracherechte, durch die Navigationsakte von 1651 wird der lukrative Handel mit den Kolonien jedoch nur noch britischen Schiffen erlaubt. Dies führt zu einer unaufhaltsamen Entfremdung der amerikanischen Kolonien vom Mutterland. Nach dem Verlust Neuenglands im **Amerikanischen Unabhängigkeitskrieg** (1776–83) verlagert sich das Interesse Englands zwangsläufig auf Indien. Gegen Ende des 18. Jhs. setzen die Briten sich gegen das Mogul-Reich und Frankreich durch und steigen damit zur größten Kolonialmacht auf.

Revolution und Restauration

Die Kriegsführung des Sonnenkönigs **Ludwigs XIV.** (1638–1715), die prunkvollen Bauten sowie die luxuriöse Hofhaltung, die er und seine Nachfolger sich leisten, führen in Frankreich zum Staatsbankrott und 1789 schließlich zur Französischen Revolution. Diese wird durch **Napoleon Bonaparte** (1769–1821) beendet, indem er sich 1804 selbst zum Kaiser der Franzosen krönt, wichtige revolutionäre Errungenschaften aber in seinem politischen Reformwerk weiterführt. Die Befreiungskriege von 1813–15 beenden Napoleons Herrschaft über Europa und vertiefen zugleich die nationalen und liberalen Bestrebungen der europäischen Völker. Vorerst setzen jedoch der **Wiener Kongress** (1814/15) und die reaktionäre Restaurationspolitik in Preußen, Österreich, Russland und Frankreich dem bürgerlichen Wunsch nach liberalen Verfassungen und politischer Mitsprache ein Ende. Die alte Ordnung von Kirche und Staat bleibt auch nach den 1848er-Revolutionen erhalten. In Deutschland wird die von den Liberalen erstrebte nationale Einheit 1871 durch das Werk des preußischen Ministerpräsidenten **Otto von Bismarck** (1815–98) schließlich zur politischen Realität.

Die Entdeckung Amerikas

Auf der Suche nach einem kürzeren Seeweg nach China und Indien entdeckt **Christoph Kolumbus** (1451–1506) Amerika. Das Ende der Reconquista hat den Weg für Kolumbus frei gemacht, da nun die Mittel der Krone nicht länger im Kampf gegen die Mauren gebunden sind. Nachdem in

Ludwig XIV., Sonnenkönig

Granada die letzten Mauren von der Iberischen Halbinsel vertrieben worden sind, erteilen Ferdinand und Isabella von Kastilien-Aragon ein Privileg an Kolumbus, mit dem er neben dem Titel des Admirals und der Erhebung in den Adelsstand auch die Zusage erhält, Vizekönig und Gouverneur aller Inseln und Festlande zu werden, die er für Spanien zukünftig in Besitz nehmen wird. Darüber hinaus ist vereinbart, dass er zehn Prozent von allen Produkten der neu entdeckten Gebiete erhalten soll.

Am 3. August 1492 sticht Kolumbus mit den drei Karavellen Niña, Pinta und dem Flagschiff Santa Maria vom Hafen Palos aus in See. Nach einem Zwischenaufenthalt auf den Kanarischen Inseln segelt er weiter nach Westen, um am 12. Oktober die Insel San Salvador in der Bahamas-Inselgruppe zu erreichen. Kolumbus meint zunächst, eine Indien vorgelagerte Insel gefunden zu haben und zieht auf der Suche nach Gold monatelang von einer Insel zur anderen, wobei er glaubt, China erreicht zu haben. Er landet auf Kuba und auf Haiti und verliert die Santa Maria durch Schiffbruch. Im Januar 1493 tritt Kolumbus mit der Niña den Rückweg an. Der Entdecker Amerikas unternimmt insgesamt noch drei weitere Reisen in die Neue Welt. Es kommt jedoch von Seiten der

Kolumbus´ Ankunft in Südamerika

Krone zu schwer wiegenden Verdächtigungen, die schließlich sogar zur Anklage gegen ihn führen,

! Entdeckungen und Eroberungen an der Schwelle der Neuzeit

1492 Eroberung Granadas und Entdeckung Amerikas.
1494 Vertrag von Tordesillas: Papst Alexander VI. (1430–1503) teilt die Welt zwischen Spanien und Portugal.
1498 Der Seeweg nach Ostindien wird von Vasco da Gama (1469–1524) entdeckt.
1513 Entdeckung des Stillen Ozeans durch Balboa.
1519–21 Magelan (1480–1521) führt die erste Erdumseglung durch.
1519–21 Cortez (1485–1547) erobert das mexikanische Aztekenreich.
1531–34 Pizarro (1478–1541) erobert das peruanische Inkareich.

sodass der Entdecker Amerikas sich gezwungen sieht, sein Vizekönigsamt abzugeben. Im Jahre 1506 stirbt Kolumbus in Spanien. Auf Vorschlag des deutschen Gelehrten **Martin Waldseemüller** (1470–1521) wird ein Jahr später der von **Amerigo Vespuccis** (1451–1512) neu entdeckte Kontinent ihm zu Ehren Amerika genannt.

Luther und die Reformation

Angesichts der unerfüllt gebliebenen Forderungen nach einer umfassenden Kirchenreform löst **Martin Luther** (1483–1546), der in der kirchlichen Gnadenlehre leider „beim besten Willen" keine Heilsgewissheit finden kann, 1517 mit seinen 95 Thesen über den Ablass eine Reformbewegung aus, die den Rahmen der bestehenden Kirche innerhalb weniger Jahre vollkommen sprengt. Sie verbreitet sich nicht nur in allen Teilen Deutschlands, sondern auch über seine Grenzen hinweg. Das bedeutendste Zentrum der Reformation neben Wittenberg befindet sich zunächst in Zürich, wo **Ulrich Zwingli** (1484–1531) ab 1523 nicht nur die Kirchenordnung, sondern das ganze Gemeinwesen umgestaltet. Nach seinem Tod wird ab 1536 Genf unter **Johannes Calvin** (1509–64) zum protestantischen Musterstaat.

Die rasche Ausbreitung der Reformation wird durch eine Reihe von politischen Faktoren begünstigt: Der Papst sieht sich zunächst aus außenpolitischer Rücksicht auf den sächsischen Kurfürsten zur Zurückhaltung im Ketzerprozess gegen Luther genötigt. Kaiser **Karl V.** (1500–58) ist aufgrund vielfältiger innerer und äußerer Bedrohungen seines Reiches ebenfalls nicht dazu in der Lage, die Reformation besonders intensiv zu bekämpfen. So bestätigt bereits 1555 der Augsburger Religionsfriede die konfessionelle Spaltung Deutschlands.

Die Reformation beseitigt die jahrhundertealte Einheit der lateinischen Christenheit und bedeutet einen wesentlichen Schritt zur religiösen Freiheit des Einzelnen und damit zur Entwicklung des modernen Individuums. Gleichzeitig emanzipiert sich der Staat von der Vormundschaft der Kirche. Der Weg bis zur endgültigen Trennung von Kirche und Staat ist

Martin Luther

nun nicht mehr weit. Die Reformation ist damit einer der wichtigsten historischen Schritte auf dem Weg zur Entwicklung der heutigen modernen Gesellschaft.

> ! **Zeittafel**
>
> **1483–1546** Martin Luther.
> **1484–1531** Ulrich Zwingli.
> **1509–64** Johannes Calvin.
> **1517** Luthers 95 Thesen gegen den Ablasshandel.
> **1519** Leipziger Disputation zwischen Luther und Eck.
> **1520** Die drei großen Reformationsschriften.
> **1529** Marburger Religionsgespräch.
> **1549** Vereinigung der Zwinglianer mit den Calvinisten im „reformierten Bekenntnis".

Das Reich während der Reformationszeit

Im Verlauf des 15. Jhs. gewinnt in England, Frankreich und Spanien die Königsmacht ein deutliches Übergewicht gegenüber der Kirche, sodass in diesen Ländern der Gedanke einer Staatskirche bereits vor Luthers Auftreten Realität geworden ist. Im Gegensatz dazu kann in Deutschland keine nationale Kirche entstehen, da ein nationales Königtum fehlt, zumal Karl V. an der Idee einer Univer-

Martin Luther

salkirche festhält. Karl V. verkörpert zum letzten Mal die universale Kaiseridee des Mittelalters in einem Reich, „in dem die Sonne niemals untergeht". Die Feindschaft des Papstes, die Bedrohung des Reiches durch die Türken sowie vier Kriege gegen Frankreich hindern ihn daran, sich intensiver der Bekämpfung der Reformation zu widmen. Allerdings folgen abgesehen vom Kaiser zahlreiche Fürsten und Städte der Reformation, und als Karl V. im **Schmalkaldischen Krieg** die protestantischen Reichsstände gewaltsam wieder auf den rechten Weg zurückbringen will, scheitert er trotz seiner militärischen Erfolge. Der Augsburger Religionsfriede wird somit bemerkenswerterweise unter Ausschluss des Kaisers und des Papstes, also der bedeutendsten mittelalterlichen Gewalten, zwischen König Ferdinand und den Landesfürsten geschlossen. Das lutherische Bekenntnis ist nun auch reichsrechtlich fest verankert. Das katholische und das lutherische Bekenntnis stehen gleichberechtigt nebeneinander.

Für die Untertanen gilt das Bekenntnis des Landesherrn: „Cuius regio, eius religio", wobei in den Reichsstädten uneingeschränkte Religionsfreiheit gilt. Trotzdem birgt der Religionsfriede ein großes Konfliktpotenzial, das sich schon bald in heftiger Form entladen wird.

Während in den meisten europäischen Ländern entweder die Reformation oder die Kräfte der Gegenreformation siegen, bleibt Deutschland konfessionell gespalten.

! Zeittafel

1519–56 Kaiser Karl V.
1521 Wormser Edikt.
1522–23 Aufstand der Reichsritter unter Franz von Sickingen.
1524–25 Bauernkrieg.
1526 1. Reichstag zu Speyer.
1529 2. Reichstag zu Speyer.
1530 Augsburger Bekenntnis.
1546–47 Schmalkaldischer Krieg.
1555 Augsburger Religionsfrieden.

Europa im Zeitalter der Glaubensspaltung

Karl V. gelingt es nicht, die Reichseinheit zu wahren. Doch zumindest die Macht seines Hauses hat sich erheblich erweitert. Frankreich ist eingekreist, als Gegner von Italien und Burgund jedoch nicht eliminiert; die Türken werden zwar bei Wien besiegt, die Gefahr aus dem Osten droht jedoch weiter; oberflächlich ist die Reichseinheit zwar noch intakt, doch die konfessionelle Spaltung ist bereits vollzogen. **Philipp II.** (1527–98) erbt somit die Macht, aber auch die Probleme des weit ausgedehnten Kaiserreiches. Spanien entwickelt sich während seiner Regierungszeit zur beherrschenden Macht in Europa. Das Jahrhundert von 1550–1650 kann daher zurecht als goldenes Zeitalter für Spanien bezeichnet werden, wobei die Niederlage der spanischen Armada 1588 nicht

! Das Jahrhundert Spaniens

1534 Suprematsakte Heinrichs VIII. (1491–1547) in England.
1556–68 Philipp II. von Spanien.
1558–1603 Elisabeth I. (1533–1603).
1562–98 Hugenottenkriege.
1567–1648 Freiheitskampf der Niederlande.
1572 Bartholomäusnacht.
1581 Unabhängigkeitserklärung der Generalstaaten.
1588 Vernichtung der spanischen Armada durch Englands Flotte.

Darstellung der Bartholomäusnacht

nur England und Frankreich vor der Eroberung durch Spanien bewahrt, sondern gleichzeitig auch der niederländische Krieg entschieden und der Fortbestand des Protestantismus in Europa gesichert wird. In der Folgezeit entwickelt sich England zur führenden See- und Kolonialmacht.

Der Dreißigjährige Krieg

Der durch den Augsburger Religionsfrieden geschlossene Kompromiss vermag auf die Dauer weder die Katholiken noch die Protestanten zufrieden zu stellen. Nachdem die Gegenreformation allmählich immer mehr an Boden gewinnt, bricht schließlich 1618 in Böhmen der konfessionelle Konflikt aus, der zum Dreißigjährigen Krieg führt. Sein Resultat ist eine fundamentale Neuordnung der europäischen Machtverhältnisse. Durch den Westfälischen Frieden erhalten die Reichsstände die volle Landeshoheit mit dem Recht, außer gegen den Kaiser und das Reich Bündnisse zu schließen. Das Reich wird damit im Grunde zu einem Bund souveräner Staaten. Der Augsburger Religionsfrieden wird auf die Reformierten erweitert, die nunmehr als eigenständige Konfession im Reich anerkannt sind. Deutschland verliert durch den Krieg beinahe die Hälfte seiner Bevölkerung. Zahlreiche Städte sind zerstört, ganze Landstriche ausgestorben, die Wirtschaft liegt am Boden. Während Norddeutschland protestantisch bleibt, werden Österreich, Böhmen, Mähren und die Oberpfalz rekatholisiert. Frankreich und Schweden fungieren als Garanten des Friedensvertrages und der Reichsverfassung.

Zeittafel

1618 Prager Fenstersturz.
1618–23 Böhmisch-pfälzischer Krieg.
1623 Bayern erhält die Kurwürde.
1625–29 Niedersächsisch-dänischer Krieg.
1629 Friede von Lübeck.
1630–35 Schwedischer Krieg.
1632 Gustav Adolf (1594–1632) fällt in der Schlacht bei Lützen.
1634 Absetzung und Ermordung Wallensteins.
1635–48 Schwedisch-französischer Krieg.
1648 Westfälischer Friede.

Spanien, das erst 1659 mit dem **Pyrenäenfrieden** zum Friedensschluss mit Frankreich gelangt, spielt keine übergeordnete Rolle mehr im Konzert der Großmächte. Das „Zeitalter Frankreichs" als neue führende europäische Macht ist angebrochen.

Aufklärung und aufgeklärter Absolutismus

Die Kämpfe zwischen den Konfessionen tragen ebenso wie eine Vielzahl innerkonfessioneller Konflikte maßgeblich zum Siegeszug der Aufklärung in Europa bei. Im Rahmen eines modernen Naturrechtes, welches auf der Vorstellung unveränderlicher natürlicher Rechte aller Menschen basiert, werden Herrschaft, Regierungsformen und Gesellschaftsstrukturen nicht mehr auf einen göttlichen Ursprung zurückgeführt, sondern auf einen von freien und gleichen Menschen geschlossenen Gesellschaftsvertrag.

Zu den geistigen Grundlagen der Aufklärung gehört der grundlegende Wandel in den Naturwissenschaften, der ein neues Welt- und Menschenbild entstehen lässt: Die Physik erforscht – vor allem verkörpert in der herausragenden Person **Newtons** (1643–1727) – den durch Naturgesetze

Jean-Jacques Rousseau

bestimmten Aufbau der Welt; die Astronomie erkennt, dass die Erde nicht das Zentrum des Weltalls ist, und die Medizin betrachtet den Menschen als Teil der Natur neben anderen Lebewesen. Der Mensch sieht sich nicht mehr unbedingt als die absolute Krönung der Schöpfung. Vielmehr verleiht ihm erst die Vernunft die Fähigkeit, die Welt nicht nur zu erkennen, sondern auch zu beherrschen. Im Frankreich des 18. Jhs. artikulieren die mutigen Stimmen der Aufklärung ihre massive Kritik am Staat. **Denis Diderot** (1713–84) und **Jean-Baptiste le Rond d'Alembert** (1713–83) bieten in der unter ihrer Leitung entstehenden 35-bändigen Enzyklopädie eine Summe der aufklärerischen Kritik an Staat und Kirche. **Jean-Jacques Rousseau** (1712–78) weitet die Staatskritik zu einer generellen Zivilisationskritik aus und entwickelt mit der Idee des Gesellschaftsvertrages ein radikales Demokratiemodell, während **Descartes** (1596–1650) als ebenso scharfsinniger

Philosoph wie genialer Mathematiker zu einem der führender Geister der Aufklärung wird.

 Schon gewusst?

Der Rationalismus, vom lateinischen Wort ratio (= Vernunft) entstammend, wird in Frankreich durch René Descartes begründet. Seine Methode, überliefertes Wissen nicht einfach zu akzeptieren, sondern alles kritisch zu hinterfragen, bildet die Ausgangsbasis des Rationalismus. Mit seinem berühmten Satz „Ich denke, also bin ich" („Cogito ergo sum!") wird der menschliche Verstand zur einzig möglichen Quelle der Wirklichkeitserkenntnis erhoben.

In Deutschland setzt die Aufklärungsbewegung gegenüber Großbritannien und Frankreich mit zeitlicher Verzögerung ein. In ihren Forderungen gibt sie sich etwas bescheidener als in den europäischen Nachbarländern. Kennzeichnend für Deutschland ist die Ausbildung des aufgeklärten Absolutismus. Der ohne Zweifel profilierteste Vertreter der deutschen Aufklärung ist der Königsberger Philosoph **Immanuel Kant** (1724–1804), der in seinem 1783 veröffentlichten Aufsatz die Aufklärung äußerst treffend als „Ausgang des Menschen aus seiner selbst verschuldeten Unmündigkeit" definiert.

In der zweiten Hälfte des 18. Jhs. entwickelt sich durch die enge Verknüpfung von absoluter Fürstenherrschaft und den Ideen der Aufklärung der so genannte aufgeklärte Absolutismus. Der Einfluss der Aufklärung zeigt sich in einer neuen Form der Legitimation von Herrschaft. Während der klassische Absolutismus die Herrschaft noch „von Gottes Gnaden" definiert, rechtfertigen die Vertreter des aufgeklärten Absolutismus ihre Stellung mit ihrem Eintreten für das Wohl ihrer Untertanen. **Friedrich II.** (1712–86) von Preußen bezeichnet sich in diesem Sinne als „ersten Diener" seines Staates. Eine rationale Form der Begründung von Herrschaft führt somit zur Anerkennung eines durch gegenseitige Pflichten bestimmten Vertragsverhältnisses zwischen dem Monarchen und seinen Untertanen. Die Herrschaftsform der Monarchie als solche wird allerdings damit noch nicht infrage gestellt.

Die Entwicklung Englands zum modernen Verfassungsstaat

Fast überall in Europa setzt sich während des 17. Jhs. der Absolutismus durch. Im Gegensatz dazu gelingt es in England, wo es aber zunächst zu einem Konflikt zwischen Absolutismus und Parlamentarismus kommt, Grundlagen zum modernen Verfassungsstaat zu legen. Als **Oliver Cromwell** (1599–1658) 1653 auf der Insel Diktator wird, kommt es zur Wiedereinführung des Königtums: Zunächst sitzt Cromwell als Vertreter des niederen Landadels von 1640–53 im Parlament. Im Vorfeld des Bürgerkrieges stellt er 1642 einen Kavallerietrupp zusammen, um das Parlament gegen die Royalisten zu verteidigen. Aufgrund seiner herausragenden Fähigkeiten auf dem Schlachtfeld wird er 1644 zum Generalleutnant und zum zweithöchsten Befehlshaber der republikanischen Truppen ernannt. Nach der Enthauptung König **Karls I.** (1600–49) 1649 sowie dem Machtverzicht des Parlaments 1653 erhebt sich Cromwell schließlich zum diktatorisch regierenden Lord-Protektor. In der englischen Geschichtsschreibung wird er dennoch weniger als Diktator gesehen, sondern in erster Linie als Patriot, der das Land nach den Bürgerkriegen vor Chaos und Anarchie bewahrt hat. Der Sieg des Absolutismus soll allerdings nur von kurzer Dauer sein.

Der Siegeszug des Parlamentarismus

Mit der **Glorious Revolution** 1688 wird das Königtum zwar nicht abgeschafft, doch **Wilhelm von Oranien** (1650–1702) wird vertraglich an das Parlament gebunden. Weitere wichtige Meilensteine für den Siegeszug des Parlamentarismus sind die Petition of Rights 1628, die Testakte 1673 und die Habeascorpusakte 1679, die den Schutz des Individuums gegen willkürliche Verhaftung sowie die generelle persönliche Freiheit festschreibt. Den Höhepunkt dieser Entwicklung stellt die **Declaration of Rights** dar, welche einen Vertrag zwischen dem neuen König und dem im Namen des souveränen Volks handelnden Parlaments darstellt. Der Staatstheorie **John Lockes** (1632–1704) folgend übernimmt das Parlament die Legislative, die Rechte der Steuerbewilligung, der Aufsicht über die Verwendung der staatlichen Gelder, die Ministerialverantwortlichkeit und ist verantwortlich für die Wahl- und Redefreiheitsrechte. Der König ist Staatsoberhaupt und verfügt über die exekutive Gewalt. Trotz des Zweiparteiensystems handelt es sich jedoch nur im eingeschränk-

Wilhelm von Oranien

ten Sinne um ein demokratisches System, da das englische Wahlrecht an Grundbesitz und hohes Einkommen gebunden ist. Die Oberhaussitze sind erblich. Die politische Macht liegt daher sozusagen exklusiv in den Händen von nur etwa 70 begüterten Familien.

> ! Englands Weg zum Verfassungsstaat
>
> **1215** Magna Charta.
> **1642** Beginn des Bürgerkriegs zwischen König und Parlament.
> **1649** Verurteilung und Hinrichtung König Karls I. Stuart.
> **1651** Navigationsakte Cromwells.
> **1679** Habeascorpusakte.
> **1688–89** Glorious Revolution und Declaration of Rights.

Der französische Absolutismus unter Ludwig XIV. und der spanische Erbfolgekrieg

Im Verlauf des 17. Jhs. wird der Absolutismus Frankreichs zum Vorbild zahlreicher Fürsten und Könige in ganz Europa. **Kardinal Richelieu** (1545–1642) beseitigt in Frankreich die Sonderrechte der Reformierten, während **Mazarin** (1602–61) die Macht der Stände abschafft. Ein stehendes Heer und die konsequente Zentralisierung der Macht ermöglichen dem absolutistisch herrschenden **Ludwig XIV.** (1638–1715) eine expansive Außenpolitik gegen Spanien, dessen Stern bereits im Sinken begriffen ist, und gegen das vom Dreißigjährigen Krieg erschöpfte Deutsche Reich. Die französische Wirtschaft stellt sich völlig in den Dienst des Staates (Merkantilismus). Die Kolonien dienen lediglich als Rohstofflieferanten und gesicherte Absatzmärkte. Um möglichst preiswert produzieren zu können, werden die Lebensmittelpreise niedrig gehalten und Getreideausfuhren strikt verboten. Während das merkantilistische System zulasten der inländischen Landwirtschaft geht, wird die französische Industrieproduktion gefördert und durch Zölle geschützt. Im Zentrum des Staates steht der Sonnenkönig. Ein maßloser höfischer Prunk dient der Darstellung seiner Macht und Würde. Der französische Barockstil breitet sich in ganz Europa aus. Die Macht der Parlamente und des Adels wird dagegen drastisch eingeschränkt.

Der Niedergang Frankreichs

Frankreich vermag zwar kurzzeitig unter Ludwig XIV., die Vormachtstellung in Europa zu erreichen, doch mit den Spanischen Erbfolgekriegen beginnt bereits sein Niedergang. Unter Englands Führung findet gewissermaßen ein Weltkrieg gegen Frankreich statt, der mit den Friedensschlüssen von Utrecht 1713 und Baden 1714 beendet wird. Das Erbe der spanischen Habsburger wird entsprechend dem von England angestrebten Gleichgewicht der Kräfte geteilt. **Philipp** (1683–1746), der Enkel Ludwigs XIV. erhält Spanien samt seiner spanischen Kolonien, das jedoch laut den Vertragsbestimmungen niemals mit Frankreich vereinigt werden darf. Österreich gewinnt die spanischen Niederlande, Mailand, Neapel und Sardinien. Mit Gibraltar besetzt England den Zugang zum Mittelmeer. Die spanischen Kolonien werden dem englischen Handel geöffnet, wobei durch den **Asiento Vertrag** (1713) vor allem der Sklavenhandel eine wichtige Rolle spielt.

Die Entwicklung Osteuropas im Zeitalter Ludwigs XIV.

Während der französischen Expansionsphase unter Ludwig XIV. kommt es zu einem tiefen Wandel der politischen Verhältnisse in Osteuropa. Österreich dehnt sein Territorium bis zur Save und den Karpaten aus, während die weltgeschichtliche Leistung Österreichs vor allem darin besteht, das Abendland vor der Eroberung durch den Islam zu bewahren. Russland steigt neben Österreich zur neuen Großmacht auf und Schweden verliert seine Ostseestellung. Die polnische Krone geht an den Kurfürsten von Sachsen über. Mit dem Eintreten Osteuropas und Russlands in den Gang der europäischen Geschichte zeigt sich ein Grundpfeiler des modernen Europas. Zugleich wird der Keim für zahlreiche Konfliktfelder gesät, welche die spätere europäische Geschichte maßgeblich prägen werden. Neben die polnisch-russischen und russisch-österreichischen Spannungsfelder treten die starken Gegensätze zwischen der Türkei, Russland und Österreich.

> ### ! Das französische Jahrhundert
>
> **1624–61** Richelieu und Mazarin fungieren als leitende Minister.
> **1661–1715** Regierungszeit Ludwigs XIV.
> **1667–83** Expansive Phase Frankreichs durch zahlreiche Kriege und Reunionen.
> **1701–14** Spanischer Erbfolgekrieg.

> ### ! Zeittafel
>
> **1683** Die türkische Belagerung Wiens wird aufgehoben; 5. Türkenkrieg (bis 1699).
> **1697** Sachsen und Polen werden zu einer Personalunion vereinigt.
> **1682–1725** Peter d. Gr. führt umfangreiche Reformen in Russland durch.
> **1700–21** Schweden bricht im Nordischen Krieg zusammen.

Preußens Aufstieg zur Großmacht

Der so genannte Soldatenkönig **Friedrich Wilhelm I.** (1688–1740) hinterlässt seinem Sohn einen beständig aufsteigenden Staat, der zudem über eine äußerst schlagkräftige Armee verfügt. Die innenpolitischen Reformen und außenpolitischen Erfolge **Friedrichs II.** (1712–86) führen zum unaufhaltsamen Aufstieg Preußens. Nicht nur die Ständerechte werden beseitigt, sondern auch die Finanzpolitik, die Verwaltung und das Beamtentum werden neu geordnet. Der Vorrang von Heer und Beamtentum prägen die staatstreuen Untertanen. Preußen wird zu einem Obrigkeitsstaat in dem „alles für das Volk, aber nichts durch das Volk" geschieht. In diesem Sinne sieht sich Friedrich als erster Diener des Staates. Sein Verständnis von aufgeklärtem Absolutismus wahrt einerseits die hierarchischen Züge des Ordensstaates, andererseits besitzt er jedoch auch ein starkes Fürsorgebewusstsein, während sich sein straff organisiertes preußisches Heer im Siebenjährigen Krieg glänzend bewährt: Mit der **Pragmatischen Sanktion** will sich Österreich die weibliche Erbfolge sichern. Unterstützt von Frankreich erheben jedoch Sachsen und Bayern ebenfalls Erbschaftsansprüche. Friedrich II. besetzt daraufhin Schlesien. Als sich Frankreich, Spanien, Bayern und Sachsen mit ihm verbünden, geht England ein Bündnis mit Österreich ein. Der Konflikt zwischen England und Frankreich greift auf Europa über und wird durch den Frieden von Aachen 1748 nicht endgültig gelöst. Schlesien bleibt im Besitz Preußens. Österreich verbindet sich daraufhin, um Schlesien zurückzugewinnen, mit Russland, Frankreich, Schweden und Sachsen. Mit englischer Hilfe ist Preußen in der Lage, den Krieg durchzustehen. Der Sieg Friedrichs II. bei Rossbach stellt einen bedeutenden Triumph über Frankreich dar. Das Ansehen Preußens wird erheblich gestärkt, während die französischen Kolonialpläne endgültig zum Scheitern verurteilt sind. In der Folgezeit bemüht sich Preußen darum, sein Verhältnis zu Russland zu verbessern. Doch der österreichisch-preußische Gegensatz verfestigt sich weiter. Das Ringen zwischen den beiden Kontrahenten um die Vorherrschaft in Deutschland wird sich allerdings erst rund ein Jahrhundert später entscheiden.

! Der Aufstieg Preußens

1640–88 Friedrich Wilhelm I., d. Gr. Kurfürst (1620–88).
1660 Frieden von Oliva; Preußen wird zum souveränen Staat.
1701 Preußen wird Königreich.
1713–40 Friedrich Wilhelm I., der Soldatenkönig (1688–1740).
1740–86 Friedrich II., d. Gr. (1712–86), regiert im Stil des Aufgeklärten Absolutismus.
1740–80 Maria Theresia (1717–80) in Österreich.
1756–63 Siebenjähriger Krieg.
1772 Erste Teilung Polens.

Der Nordamerikanische Unabhängigkeitskrieg

Gegen die englische Kolonialherrschaft in Amerika sträubt sich das Selbstbewusstsein der amerikanischen Siedler, die eine parlamentarische Vertretung verlangen und

Unabhängigkeitserklärung

gegen die überzogenen englischen Steuern protestieren: „No taxation without representation". Der Konflikt eskaliert in der **Boston**

! Der nordamerikanische Unabhängigkeitsprozess

1760 Sieg Englands über Frankreich in Nordamerika.
1763 Friede von Paris.
1775–83 Unabhängigkeitskrieg.
1776 Unabhängigkeitserklärung.
1783 Frieden von Versailles.
1786 Verfassung der Vereinigten Staaten.

Tea Party 1773, als die Engländer einen Zoll auf Tee erheben. Es kommt zur bewaffneten Erhebung der 13 Kolonien gegen England. Nach dem Sieg der Unabhängigkeitsbewegung muss England im Frieden von Versailles die 13 amerikanischen Staaten und ihr Hinterland bis zum Mississippi abtreten, im Norden begrenzen die großen Seen das Territorium der USA. Florida wird an Spanien zurückgegeben. Die USA sind der weltweit erste große demokratische Bundesstaat und werden in Europa von den Liberalen als vorbildliche Verwirklichung der modernen Freiheitsidee geachtet.

Die Französische Revolution

Mit der Französischen Revolution wird der Absolutismus als Staatsform in Europa abgelöst. Die maßlose Hofhaltung **Ludwigs XVI.** (1754–93) führt zu einem riesigen Staatsdefizit. Das Proletariat von Paris erhebt sich gegen ihn und am 14. Juli 1789 kommt es zum berühmten Sturm auf die Bastille, dem politischen Gefängnis von Paris, das beim Volk als allgemeines Symbol der Unterdrückung gilt. Im weiteren Verlauf der Revolution wird der König am 21. Januar 1793 hingerichtet. Frankreich wird zu einer auf Gewaltenteilung basierenden Monarchie. Die Gesetzgebung liegt in der Hand des Parlaments, der König erhält lediglich ein Vetorecht. Nach der bürgerlichen Verfassung von 1791 und der radikaldemokratischen von 1793 wird 1795 eine dritte Verfassung verabschiedet, die in ihren Grundzügen an die erste von 1791 angelehnt bleibt, jedoch die Staatsform der Republik vorsieht. Unter Napoleon wird eine zum Schein den Parlamentarismus wahrende Konsulatsverfassung erlassen, während der napoleonische Code civil die unbedingte Rechtsgleichheit aller Bürger garantieren soll.

Sturm auf die Bastille

Napoleon I.: Kaiserkrönung

Die Folgen der Französischen Revolution

Die Französische Revolution bildet für die Neuzeit einen sehr deutliche welthistorischen Einschnitt. Ihre Außenwirkungen sind ungeheuer. Selbst dort, wo sich die alte politische Ordnung weiterhin behaupten oder neu etablieren kann, bleibt sie durch die Zäsur von 1789 doch für immer im Kern erschüttert und stets von revolutionären Prinzipien bedroht. Liberale Prinzipien verbreiten sich nicht nur in ganz Europa. Die Fernwirkung der Französischen Revolution reicht bis nach

Napoleon I.: Russlandfeldzug

Lateinamerika, wo von 1810–25 erfolgreich ein Unabhängigkeitskrieg gegen die spanische Kolonialmacht nach französischem Vorbild geführt wird. Das Prinzip der Gewaltenteilung und die Erklärung der Menschenrechte werden fortan weltweit zu Grundpfeilern liberaler Verfassungen.

> **! Zeittafel**
>
> **1789** Umwandlung der Generalstände zur Nationalversammlung; 14. Juli Sturm auf die Bastille.
> **1791** Erste Verfassung.
> **1792** Sturm auf die Tuilerien und Abschaffung der Monarchie.
> **1793** Hinrichtung Ludwigs XVI. auf Konventsbeschluss und jakobinische Verfassung.
> **1795** Friede von Basel; Direktorium bis 1799; royalistischer Aufstand wird von Napoleon (1769–1821) niedergeworfen.
> **1799** Staatsstreich Napoleons; Konsulat bis 1804.

Aufstieg und Fall Napoleons

Der zeitweilig mächtigste Mann Europas kommt als eines von zwölf Kindern eines angesehenen Advokaten im Jahre 1769 auf Korsika zur Welt. Bereits im Alter von neun Jahren besucht er die Militärschule von Brienne, die er mit 16 Jahren erfolgreich abschließt. Nach seiner Ausbildung zum Offizier wird er 1792 zum Hauptmann ernannt und ist an der Niederschlagung mehrerer Aufstände beteiligt. Der junge aufstrebende Mann nimmt anschließend einen heiklen Auftrag an: Frankreich befindet sich mit England im Krieg und Napoleon soll die von den Engländern besetzte Stadt Toulon befreien. Trotz zahlenmäßiger Unterlegenheit und mangelhafter Ausrüstung gelingt es Napoleons Truppen, die Engländer zu schlagen. Der siegreiche Napoleon wird mit gerade 24 Jahren zum Brigadegeneral ernannt und gilt von nun an als neuer Volksheld der Franzosen.

Aufgrund seiner militärischen Erfolge gewinnt Napoleon rasch das Vertrauen seiner Vorgesetzten. Er wird schon bald zum Oberbefehlshaber der französischen Streitmächte in Italien ernannt. Dort liefert er sich erbitterte Kämpfe mit dem mächtigen Österreich, die er ebenfalls zu seinen Gunsten entscheiden kann. Ohne das Wissen der Regierung handelt er daraufhin einen für Frankreich äußerst ertragreichen Frieden mit den Österreichern aus. Aus Furcht vor Napoleons großer Popularität beim Volk schicken ihn die Machthaber in Paris in einen sinnlosen Kampf nach Ägypten, bei dem die französische Flotte nach anfänglichen Erfolgen von den Engländern unter Admiral Nelson vernichtend geschlagen wird. Bei seiner Rückkehr nach Frankreich 1799 findet Napoleon sein Land in einem erbärmlichen Zustand vor.

Die napoleonischen Kriege

Krieg und Revolution haben den Staat in den Ruin getrieben. Das Volk sehnt sich nach Jahren des zermürbenden Bürgerkrieges nach einem starken Mann, der endlich wieder Ruhe und Ordnung herstellt. Napoleon hat daher leichtes Spiel. Er stürzt ohne große Mühe das herrschende Direktorium und setzt sich an die Spitze einer provisorischen Regierung. Nach fünf Jahren als „Erster Konsul" krönt er sich schließlich selbst zum Kaiser, um in den darauf folgenden Jahren halb Europa zu erobern. Nur England leistet nach dem Frieden von Tilsit noch massiven Widerstand gegen Frankreich. Mit einer Kontinentalsperre soll es in den Ruin getrieben werden. Doch weder dieses Mittel noch die englische Gegenblockade entfalten eine wirklich durchschlagende Wirkung.

Auf gesamteuropäischer Ebene kann das napoleonische System, das neben willkürlichen Eroberungen überwiegend auf künstlich gebildeten Königtümern und

Napoleon I.

Zwangsverbündeten basiert, ebenfalls keine dauerhafte Ordnung begründen. Napoleons Versuch, seine Herrschaft durch die Heirat mit der österreichischen Kaisertochter **Marie-Louise** (1791–1847) nach außen zu legitimieren, bleibt politisch erfolglos. Die Kriege Napoleons fordern unterdessen immer neue Blutopfer von seinem Volk. Sein despotischer Regierungsstil findet keinen Anklang mehr. Der Russland-Feldzug scheitert aus Mangel an Ausrüstung und Nachschub, der Weite des Landes und der klugen russischen Taktik, einer Entscheidungsschlacht auszuweichen sowie Moskau in Brand zu setzen.

Mit seinem Russland-Feldzug begeht der als genialer Stratege geltende Kaiser der Franzosen zweifellos einen seiner schwerwiegendsten Fehler. Die meisten Soldaten verhungern oder erfrieren. Nur knapp vier Prozent des Regiments kehren nach Paris zurück. Es folgen weitere gravierende Niederlagen, die den Unmut des vom Krieg erschöpften Volkes nur noch weiter steigern. Das vorläufige Ende kommt 1813 mit der **Völkerschlacht von Leipzig**. Nach einer überraschenden Rückkehr Napoleons an die Spitze Frankreichs folgt ein letzter Versuch, die verlorene Herrschaft wieder zu festigen. Eine vernichtende Niederlage bei Waterloo besiegelt das endgültige Ende der napoleonischen Herrschaft, der 1821 als Verbannter auf Sankt Helena einsam stirbt. Die Freiheitskriege und das Ende des napoleonischen Systems münden in die Epoche der Restauration, in deren Rahmen die Herrschenden Europas letztlich erfolglos versuchen, das Rad der Zeit wieder zurückzudrehen.

! Zeittafel

1799 Staatsstreich Napoleons; Konsulat.
1804 Kaiserkrönung Napoleons.
1805 Dritter Koalitionskrieg Englands, Österreichs und Russlands gegen Frankreich, Schlachten von Trafalgar und Austerlitz.
1806 Rheinbund; Auflösung des Reiches, Krieg gegen Preußen, Schlachten von Jena und Auerstedt.
1807 Frieden von Tilsit; Kontinentalsperre.
1808–1809 Erhebungen in Spanien und Österreich.
1812 Katastrophe der „Großen Armee" in Russland.
1813–15 Befreiungskriege gegen Napoleon.
1815 Wiener Kongress, Rückkehr Napoleons, Niederlage bei Waterloo.

Schon gewusst?

Der **Code Civil** stellt ein unter Napoleon entwickeltes Regelwerk dar. Es ist das erste bürgerliche Gesetzbuch. Ein zentrales Element des **Code Napoleon**, wie das Werk auch genannt wird, ist der Gedanke der Gleichheit aller Menschen, wobei Napoleon allerdings die Frauen nicht miteinbezieht. Während der Herrschaft Napoleons verbreitete sich der Code Civil über ganz Europa und wird damit zur Grundlage der modernen Rechtsprechung.

Die preußischen Reformen

Preußen entschließt sich erst zum Krieg, als Napoleon bereits alle anderen Gegner besiegt hat. Die daraus resultierenden Niederlagen von Jena und Auerstedt führen zum Ende des alten Preußens friderizianischer Prägung. Reichsfreiherr vom Stein erkennt, dass Staat und Gesellschaft einer tief greifenden Reform bedürfen. Mit dem Edikt von 1807 wird die Berufswahl von den Standesschranken befreit. Auch Bürger können von nun an adligen oder bäuerlichen Grundbesitz erwerben. Ebenso können Adlige oder Bauern städtische Berufe ergreifen, falls sie dies wünschen. Ein weiterer weitsichtiger Reformer ist Hardenberg, der u. a. die Gewerbefreiheit in Preußen einführt. Aus Steins Grundsatz, dass der einzelne Bürger dem Gemeinwesen zu dienen hat, folgern Scharnhorst und Gneisenau die Allgemeine Wehrpflicht. Durch die preußischen Reformen wird das allgemeine bürgerliche Verantwortungs- und Nationalbewusstsein erheblich gefördert. Sie bilden damit eine wichtige geistige Grundlage zur preußischen Erhebung gegen die napoleonische Fremdherrschaft.

Der Wiener Kongress und das Zeitalter der Restauration

Nach den Erschütterungen der alten Ordnung durch die Französische Revolution und ihre Folgen soll durch den Wiener Kongress eine dauerhafte europäische Friedensordnung errichtet werden. Das Gleichgewicht der Kräfte soll wiederhergestellt und vertraglich abgesichert werden. In jenen Staaten wo legitime Regierungen abgesetzt worden sind, sollen sie wieder eingesetzt werden (Restauration). Obgleich die Zielsetzungen des Kongresses offensichtlich gegen den Nationalismus und den Liberalismus gerichtet sind, führen sie zumindest zu einer länger anhaltenden Friedensperiode in Europa.

Zum Zwecke „der Erhaltung der äußeren und inneren Sicherheit Deutschlands und der Unabhängigkeit und Unverletzbarkeit der einzelnen deutschen Staaten" wird 1815 der Deutsche Bund gegründet. Österreich, Preußen und Russland verbünden sich als Anführer der Restauration zur so genannten **Heiligen Allianz**. Im Gegensatz zur Restauration bilden

> ! **Zeittafel**
>
> **1806** Zusammenbruch Preußens aufgrund der Niederlagen von Jena und Auerstedt.
> **1807–08** Reformen vom Steins (1757–1831).
> **1810** Wilhelm von Humboldt (1767–1835) gründet die Universität Berlin.
> **1811–12** Reformen Hardenbergs (1750–1822).
> **1814** Preußische Wehrpflicht.

Wiener Kongress

sich vielerorts in Europa sowie jenseits des Atlantiks auch in Lateinamerika liberale und nationale Bewegungen. Die deutschen Frühliberalen streben nach Einheit, Freiheit und verfassungsmäßig verankerten bürgerlichen Rechten. Auf dem **Hambacher Fest** erklingt der Ruf: „Lieber Freiheit ohne Einheit als Einheit ohne Freiheit." Die Griechen erheben sich unterdessen gegen die türkische Fremdherrschaft. **Fürst Metternich** sieht im griechischen Unabhängigkeitskampf ein gefährliches politisches Beispiel und fürchtet Machtveränderungen auf

> ! **Zeittafel**
>
> Klemens Fürst von Metternich (1773–1859) eröffnet nicht nur den Wiener Kongress, sondern verkörpert wie kein anderer die politischen Ziele der Restaurationsbewegung:
> **1794** Flucht der Familie aus Koblenz vor der französischen Revolutionsarmee nach Wien;
> **1795** Heirat mit einer Enkelin des Staatskanzlers von Kaunitz;
> **1801–06** Gesandter in Dresden und Berlin;
> **1806** Botschafter in Paris;
> **1809** Österreichischer Außenminister;
> **1810–48** Staatskanzler;
> **1848** Durch Märzrevolution gestürzt.

Fürst von Metternich

dem Balkan. Auf die Dauer werden Metternich und die Anhänger der Restauration die einmal durch die Französische Revolution in Gang gesetzten sozialen und politischen Prozesse nicht aufhalten können.

Während der Revolutionen von 1830 und 1848 sind in Deutschland die Vertreter nationaler und liberaler Ideen bereit, mit den alten Obrigkeiten zu paktieren. Im Vordergrund steht bei ihnen die Forderung nach vom Staat garantierten Freiheits- und Eigentumsrechten. Der soziale Gedanke bleibt ihnen jedoch fremd.

 Zeittafel

1815 Wiener Kongress.
1810–25 Lateinamerikanische Unabhängigkeitsbewegungen.
1817 Wartburgfest der deutschen Burschenschaften.
1818/19 Verfassungen in Bayern, Baden, Württemberg.
1819 Karlsbader Beschlüsse.
1820 Revolution der Liberalen in Spanien und Portugal.
1821–29 Griechischer Befreiungskampf.
1823 Monroe-Doktrin: „Amerika den Amerikanern".
1830 Französische Julirevolution; Revolutionen in Brüssel, einzelnen deutschen Staaten und in Polen.
1837 Aufstand der Göttinger Sieben.

Die Revolution von 1848 und die Preußische Union

In der Paulskirche wird eine liberale deutsche Verfassung beraten, doch unterdessen werfen die Fürsten die einzelnen liberalen Erhebungen bereits nieder. Österreich als entschiedener Gegner der deutschen Einheit, lässt nach dem Sieg über die Volksbewegung auch den preußischen Einheitsplan scheitern. Im März 1848 werden in den Mittel- und Kleinstaaten auf Druck des Volkes liberale Ministerien eingesetzt. In Böhmen, Österreich und Ungarn erheben sich die Landstände, woraufhin Metternich flieht. Das „Patent" (Bundesreform und Pressefreiheit) des Königs in Preußen kommt zu spät. Er wird vom Volk zur Unterwerfung gezwungen. In der neuen Verfassung wird für eine kleindeutsche Lösung – ohne Österreich – votiert. Österreich ist gegen eine kleindeutsche Lösung und zwingt Preußen, diese durch den **Vertrag von Ölmütz** wieder zu verwerfen. Auf die Dauer wird offensichtlich der preußisch-österreichische Gegensatz nur militärisch zu lösen sein. Zumindest sind durch die Paulskirchenverfassung erstmalig die Bürgerrechte in konstitutioneller Form formuliert worden. Das Bürgertum hat sich mutig für die deutsche Einheit eingesetzt und eine Revolution gewagt.

Durch die im Februar im Nachbarland stattfindende Revolution wird Frankreich zu einer bürgerlichen Republik. Ein Neffe Napoleons I. wird ihr erster Präsident. Im Dezember 1848 wird in Deutschland erneut eine autoritäre Verfassung erlassen. Ähnliches geschieht im März des folgenden Jahres in Österreich. Ein deutscher Nationalstaat kann anscheinend nur gegen den Willen Österreichs geschaffen werden.

Industrielle Revolution und soziale Frage

Die industrielle Revolution beginnt zunächst im 18. Jh. in England, um dann im Verlauf des 19. Jhs. auf den europäischen Kontinent überzugreifen. Eine wachsende Bevölkerung, zunehmende Landflucht und technische Erfindungen begünstigen ihre Entwicklung, die zu fundamentalen gesellschaftlichen Veränderungen führt. Die industrielle Revolution ist daher für die Entstehung der modernen Lebenswelt nicht weniger bedeutsam als die Französische Revolution. Durch die Industrialisierung werden einerseits mit den Kapital besitzenden Unternehmern und andererseits den besitzlosen Arbeitern zwei neue gesellschaftliche Gruppen geschaffen, wobei der Liberalismus keine Fürsorgepflicht des Stärkeren für den Schwächeren vorsieht. Die Arbeiter haben unter Niedriglöhnen und extrem langen Arbeitszeiten zu leiden. Es kommt folglich zu schweren sozialen Unruhen. Christlich orientierte Reformer wie **Johann Heinrich Wichern** (1808–81) und **Adolf Kolping** (1813–65) gründen Hilfsorganisationen für die in Not geratenen Arbeiter. Im Gegensatz dazu ruft **Marx** (1818–83) als radikaler politischer Denker zum Umsturz auf und preist seinen Marxismus als Heilslehre der unterdrückten Arbeiterschaft an. Seiner Auffassung nach wird sich der Kapitalismus eines Tages selbst vernichten, während die „Diktatur des Proletariats" die Voraussetzung für den vom Marxismus angestrebten Endzustand der klassenlosen Gesellschaft bildet.

Fabrikgelände

! Zeittafel

1769 James Watt (1736–1819) erfindet die Dampfmaschine.
1775, 1786 Spinnmaschine und mechanischer Webstuhl in England.
1818–83 Karl Marx.
1819 Erste Atlantiküberquerung mit einem Dampfsegelschiff.
1825 Erste deutsche Technische Hochschule wird in Karlsruhe gegründet.
1834 Deutscher Zollverein wird gegründet.
1835 Erste deutsche Eisenbahnlinie von Nürnberg nach Fürth.
1847 Kommunistisches Manifest von Marx .
1864 Ferdinand Lassalle (1825–64) stirbt an den Folgen eines Duells.
1863–64 Gründung des Allgemeinen Deutschen Arbeitervereins (Lassalle) und der Internationalen Arbeiterassoziation (Marx).
1867 Ernst Werner von Siemens (1816–92) entdeckt das dynamo-elektrische Prinzip.
1872 Verein für Sozialpolitik wird gegründet.
1878 Sozialistengesetz (bis 1890).
1883–89 Bismarcks (1815–98) Sozialgesetzgebung.
1891 Erfurter Programm der Sozialdemokratie.

Bismarck und der Weg zur Reichsgründung

Das allmähliche Nachgeben Österreichs und die Einigung Italiens stärken die deutschen Einheitshoffnungen. Mit Bismarck besitzen die Deutschen einen Staatsmann, dem mit viel Geschick das politische Kunststück der Kaiserreichsgründung gelingen soll.

Kaiserproklamation in Versailles

Unter seiner Kanzlerschaft werden zunächst im Norddeutschen Bund die Reichsverfassung und die Reichsbildung vorbereitet. Zuvor provoziert Bismarck Österreich in der dänischen Frage so weit, dass es sich von seinem Bündnispartner Preußen trennt. Im folgenden Deutschen Krieg zwischen Preußen und Österreich kommt es zu einer Neuordnung der Machtverhältnisse. Mit den süddeutschen Staaten werden als Reaktion auf territoriale Forderungen Frankreichs für seine Neutralität im Deutschen Krieg geheime Schutz- und Trutzbündnisse geschlossen. Als es im Streit um die spanische Thronfolge erneut zu einer diplomatischen Auseinandersetzung zwischen Frankreich und Preußen kommt, lanciert Bismarck die mit einem prekären politischen Inhalt versehene Emser Depesche, die dazu führt, dass der französische Kaiser **Napoleon III.** (1808–73) Preußen den Krieg erklärt.

Das deutsche Kaiserreich

Frankreich wird mit Hilfe der Süddeutschen Staaten im Deutsch-Französischen Krieg 1870–71 geschlagen. Am 18. Januar 1871 wird daraufhin in Versailles das Deutsche Kaiserreich ausgerufen. Bismarck bezeichnet Deutschland nach der Reichsgründung als „saturiert". Es sollen keine weiteren territorialen Forderungen erhoben werden. Sein Ziel ist die Sicherung der Vormachtstellung des Deutschen Reiches unter gleichzeitiger Isolierung des Erzfeindes Frankreich. Durch eine ausgeklügelte Bündnispolitik gelingt es ihm, dieses Ziel bis zu seiner Entlassung durch Kaiser **Wilhelm II.** (1859–1941) weitgehend zu erreichen. Innenpolitisch orientiert er sich am konstitutionellen System. Da der Kanzler vom Vertrauen des Reichstages unabhängig ist, steht er über den Parteien. Bismarck regiert zunächst mit den Nationalliberalen. Nach dem Scheitern seiner Politik im so genannten Kulturkampf (Kampf gegen die geistige Bevormundung durch die Kirche) stützt er sich auf Konservative und Zentrum, mit denen er seine Schutzzoll- und Sozialgesetzgebung verwirklichen kann. Die Sozialisten betrachtet Bismarck dagegen als Volksfeinde. Da seine repressiven Maßnahmen gegen die Sozialisten jedoch nicht greifen, kommt es in der Folgezeit zu einer von ihm initiierten, für ganz Europa vorbildhaften Sozialgesetzgebung. Die durch die außenpolitischen „Jonglierkunststücke" Bismarcks erfolgende Bündnissicherung Deutschlands erlaubt zudem die Gründung von einigen überseeischen deutschen Kolonien, die jedoch keinen dauerhaften Bestand haben.

> ## ! Zeittafel
>
> **1858–88** Wilhelm I. (bis 1861 Prinzregent, 1871 deutscher Kaiser).
> **1862** Bismarck Ministerpräsident.
> **1864** Krieg Österreichs und Preußens gegen Dänemark.
> **1866** Krieg Preußens gegen Österreich und seine Bundesgenossen.
> **1867** Doppelmonarchie Österreich-Ungarn; Norddeutscher Bund.
> **1869** Bebel und Liebknecht gründen die Sozialdemokratische Arbeiterpartei.
> **1870/71** Deutsch-Französischer Krieg.
> **1871** Reichsgründung und Kaiserproklamation; Kulturkampf.
> **1873** Dreikaiserabkommen zwischen Österreich-Ungarn, Russland und dem Reich.
> **1875** Der Allgemeine Deutsche Arbeiterverein und die SDAP vereinigen sich unter dem Druck der beginnenden Verfolgung zur Sozialistischen Deutschen Arbeiterpartei.
> **1878** Schutzzollgesetzgebung, Sozialistengesetz, Berliner Kongress.
> **1879** Zweierbund Deutschlands mit Österreich-Ungarn.
> **1882** Dreierbund Deutschlands mit Österreich-Ungarn und Italien.
> **1884–85** Gründung von deutschen Kolonien.
> **1887** Rückversicherungsvertrag mit Russland.
> **1890** Aufhebung der Sozialistengesetze.
> **1891** Die Sozialistische Deutsche Arbeiterpartei benennt sich in Sozialdemokratische Partei Deutschlands (SPD) um.

Das viktorianische Zeitalter in England

Im Kampf gegen Napoleon gewinnt England die Seeherrschaft und erweitert erfolgreich sein Kolonialreich (1842 Hongkong, 1858 Indien, 1878 Zypern, 1882 Ägypten, 1884 Britisch-Neuguinea und Somaliland, 1885 Ostafrika und Betschuanaland, 1888 Rhodesien, 1899 Sudan, 1902 Burenrepubliken). Bei der Entwicklung zur Industrienation ist es

Königin Viktoria von England

> **! Zeittafel**
>
> **1832** Erste Parlamentsreform.
> **1837–91** Unter Königin Viktoria wird England zur weltweit führenden Handels- und Wirtschaftsmacht.
> **1867** Zweite Parlamentsreform.
> **1868–94** Disraeli (1804–81) und Gladstone (1809–98) sind die wichtigsten Protagonisten der englischen Politik.
> **1884** Dritte Parlamentsreform.

dem kontinentalen Europa ebenfalls für mehrere Jahrzehnte weit voraus. Während der 1837 beginnenden Regierungszeit Königin **Viktorias** (1819–1901) erlebt England somit eine wirtschaftliche, politische und kulturelle Glanzperiode. Innenpolitisch wird das Zweiparteiensystem vollendet, außenpolitisch verharrt England gegenüber den wechselvollen Entwicklungen auf dem Festland in der sich vom übrigen Europa abkapselnden Politik der „Splendid Isolation".

Das Zeitalter des Imperialismus

Auf der Suche nach neuen Absatzmärkten streben die alten Mächte über ihre staatlichen Grenzen hinaus und neue Großmächte wie die USA, die in den Mexikanischen Golf und den Pazifik drängen, kommen hinzu. Politisch zielt der Imperialismus auf ein den Nationalstaat überschreitendes Herrschaftsgebiet. Im Bestreben nach Hegemonie verquicken sich wirtschaftliche, politische und religiös-ideologische Motive miteinander in verhängnisvoller Art und Weise. Die Amerikaner sehen sich als Nachkommen der Pilgerväter, die den Indianern das Christentum gebracht haben. Sie sehen sich dazu berufen, weltweit als Vorkämpfer für Freiheit, Gleichheit und die Einhaltung der Menschenrechte einzutreten. Unter diesem Vorwand fühlen sie sich legitimiert, andere Völker zu erobern und politisch zu unterdrücken. Die USA kaufen nicht nur 1867 von Russland Teile Alaskas und gewinnen 1898 Teile von Samoa zurück, sondern erobern 1898 Kuba und die Philippinen, annektieren im selben Jahr Hawaii und streben ebenfalls nach der Hegemonie in Mittelamerika (Bau des Panamakanals 1881–1914).

Globale Spannungsfelder

Die weiteren Spannungsfelder, die sich durch die Expansionsbestrebungen der übrigen Kolonialmächte im Zeitalter des Imperialismus ergeben, sind äußerst vielfältig: Neben den zahlreichen kolonialen Aktivitäten Englands erwirbt Deutschland von Spanien die Karolinen, Marianen und die Palauinseln. Japan beendet unter amerikanischem Druck seine außenpolitische Isolation und strebt nach Expansion in die Mandschurei, nach Nordchina sowie Korea. Nach seinem Sieg im Russisch-Japanischen Krieg erhält es Port Arthur und die Schutzherrschaft über Korea und Südsachalin. Italien bereitet im Einverständnis mit Frankreich den Erwerb von Tripolis vor, nachdem es zuvor bei dem Versuch, Abessinien zu erobern, gescheitert ist. Frankreich verzichtet zugunsten seiner kontinentalen Pläne auf den Sudan. Russlands Expansionsbestrebungen richten sich nach Ostasien, zum Persischen Golf und den Meerengen. Aufgrund der Vielzahl der neu entstandenen globalen Spannungsfelder ist eine kontinentale Bündnispolitik im Stile Bismarcks nun nicht mehr möglich. Bismarck wird entlassen, doch die Politik des jungen Kaisers **Wilhelm II.** (1859–1941) ist ziellos. Die Aufrüstung, die unter seiner Regierung systematisch betrieben wird, macht das Ausland misstrauisch. Das Reich ist auf den Dreibund angewiesen, der jedoch angesichts wachsender Spannungen um Südtirol und die innerösterreichische Nationalitätenfrage massiv bedroht ist.

! Zeittafel

1888–1918 Wilhelm II.
1890 Entlassung Bismarcks; der Rückversicherungsvertrag wird nicht erneuert.
1894 Französisch-russisches Bündnis.
1898 Der Krieg gegen Spanien um Kuba markiert den Beginn der Weltpolitik der USA.
1902 Englisch-japanisches Bündnis.
1905 Niederlage Russlands gegen Japan.
1904/07 Ententen Englands mit Frankreich und Russland.

Das 20. Jahrhundert

Innerhalb der Geschichte des 20. Jh. unterscheidet die historische Forschung zwischen der so genannten neuesten Geschichte und der Zeitgeschichte. Der Zeitraum der neuesten Geschichte beginnt ereignisgeschichtlich mit den beiden das 20. Jh. in seiner weiteren Entwicklung wesentlich prägenden Ereignissen des Ersten Weltkrieges (1914–18) und der Oktoberrevolution (1917). Mit dem Ende des Zweiten Weltkrieges, dem Beginn des Kalten Krieges und der Dekolonialisierung setzt anschließend die Zeitgeschichte ein.

Berliner Mauer

Zeitliche Eingrenzung

In keinem Krieg zeigt sich der rasante technologische Fortschritt und die damit verbundenen negativen Konsequenzen so deutlich wie im Ersten Weltkrieg. Neuerungen wie das Maschinengewehr, Flugzeuge, Panzer oder Giftgasgranaten prägen die Kriegsführung des Ersten Weltkrieges, in dessen Verlauf auch die Leidensfähigkeit der Zivilbevölkerung wie nie zuvor gefordert wird. Am Ende des Krieges (1918) sind nicht nur Millionen von Soldaten an den verschiedenen Fronten als Kriegsopfer zu beklagen, sondern auch weite Teile der Zivilbevölkerung sterben an den Kriegsfolgen.

Die beiden Weltkriege

Nach der Übergangsphase der Weimarer Republik kommt es zur nationalsozialistischen Machtergreifung durch Adolf Hitler und dem Zweiten Weltkrieg. Während des Krieges, der sich aus deutscher Sicht schon bald als aussichtslos erweist, wird auf der Wannseekonferenz (1942) die systematische Ermordung der jüdischen Bevölkerung Europas beschlossen. Vor allem in Polen werden mehrere Vernichtungslager aufgebaut, in die man die europäischen Juden deportiert, um sie dort umzubringen. Der nationalsozialistische Rassenwahn kostet allein sechs Millionen Menschen jüdischer Herkunft das Leben.

Der Kalte Krieg und neue globale Spannungsfelder

Am Ende des Zweiten Weltkrieges 1945 haben insgesamt rund 50 Millionen Menschen durch die Kriegshandlungen den Tod gefunden, mehr als die Hälfte davon sind Zivilisten. Der englische Premierminister **Winston Churchill** (1874–1965) sieht im selben Jahr bereits die zukünftige Zweiteilung der Welt voraus und prophezeit, der „eiserne Vorhang", der die westlich orientierte Staatenwelt vom kommunistischen Ostblock in Zukunft trennen werde, sei bereits gefallen. Tatsächlich ist das weltpolitische Geschehen der kommenden Jahrzehnte maßgeblich durch den Kalten Krieg zwischen Ost und West gekennzeichnet, der zeitlich vom Prozess der Dekolonialisierung begleitet wird. Vor allem aufgrund der mutigen Politik **Gorbatschows** (geb. 1931), der den Ostblock massiv gegenüber dem Westen öffnet, kommt es schließlich zum Ende des Kalten Krieges, das durch die deutsche Wiedervereinigung und den Zusammenbruch des Sowjetimperiums markiert wird. Neueste Entwicklungen wie zum Beispiel der **Jugoslawienkrieg** (1991–95) zeigen, dass eine Vielzahl von aus dem ehemaligen Ost-West-Konflikt und dem neueren Nord-Süd-Konflikt resultierender globaler Spannungsfelder die Möglichkeit eines baldigen dauerhaften globalen Friedens deutlich infrage stellen.

Der Erste Weltkrieg

Bereits die Marokkokrisen 1905–06 und 1911, die Annexion von Bosnien und Herzegowina durch Österreich 1908–09 sowie die Balkankriege 1912–13 führen Europa an den Rand eines Krieges, dessen endgültige Eskalation am 28. Juni 1914 durch die Ermordung des österreichisch-ungarischen Thronfolgerpaares **Franz-Ferdinand** (1863–1914) und seiner Gemahlin in Sarajevo erfolgt. Aufgrund vielfältiger Bündniskonstellationen weitet sich der ursprüngliche Konflikt zwischen

Winston Churchill

Österreich und Serbien zunächst sehr schnell zum europäischen und durch den Kriegseintritt der USA in der Folge auch zum weltweiten Krieg aus.

Europa ist 1914 politisch zweigeteilt: Den Mittelmächten mit Deutschland, Österreich-Ungarn, Türkei, Bulgarien und Italien steht die Entente aus Frankreich, Russland, Großbritannien, Portugal und weiteren kleinen Staaten gegenüber. Zusätzlich bildet Österreich mit Italien und Deutschland den so genannten Dreibund.

Die europäischen Regierungen machen Serbien für das Attentat mitverantwortlich, da die Regierung die Geheimorganisation aus der der Attentäter kommt, insgeheim geduldet haben soll. Die anti-serbische Stimmung nutzt Österreich aus, um am 28. Juli Serbien den Krieg zu erklären. Das „umzingelte" Deutschland steht hinter Österreich.

Als am 30. Juli 1914 Zar **Nikolaus II.** (1868–1918) die Gesamtmobilmachung in Russland anordnet, sieht sich Deutschland am 1. August gezwungen, Russland seinerseits den Krieg zu erklären, obwohl der deutsche Generalstab keinerlei Pläne für einen Krieg ausgearbeitet hat. Aus diesem Grund greift man auf den so genannten **Schlieffen-Plan** aus dem Jahr 1905 zurück, der die komplette Unterwerfung Frank-

Zar Nikolaus II. mit Familie

reichs innerhalb von sechs Wochen vorsieht, um dann alle Kräfte an die Ostfront zu werfen und Russland auf diese Weise innerhalb kürzester Zeit zu besiegen. Planmäßig fallen daher am 2. August 1914 die deutschen Truppen ohne offizielle Kriegserklärung in Luxemburg ein. Im weiteren Verlauf der Kampfhandlungen steigt die Anzahl der am Krieg teilnehmenden Länder zunehmend. Aufgrund des Einsatzes moderner Technik wird der Erste Weltkrieg zudem zur Vorstufe des totalen Krieges.

Deutschland und Österreich hoffen aufgrund ihrer militärischen Unterlegenheit auf eine rasche Lösung des Konflikts. Mit einem schnellen Bewegungskrieg sollen die Alliierten überrumpelt werden, doch schon der Frankreichfeldzug scheitert kläglich. Der Bewegungskrieg erstarrt zum Stellungskrieg und von den Alpen bis zur Nordseeküste existiert Ende 1914 eine durchgehende Frontlinie, an der sich die feindlichen Einheiten in schwer überwindbaren Befestigungen gegenüberliegen. In der „Hölle von Verdun" sterben allein 338.000 deutsche und 364.000 französische Soldaten. Größere deutsche Offensiven, wie insbesondere im Jahr 1918, bleiben erfolglos und zehren die letzten noch verbliebenen Reserven auf. Die anschließende Gegenoffensive der Alliierten zwingt die deutschen Truppen zum Rückzug.

Die Niederlage des Deutschen Reiches

Am 6. April 1917 erfolgt der lang erwartete Kriegseintritt der USA aufseiten der Entente. Dieser besiegelt aufgrund des frischen Nachschubs an Material und Truppen endgültig das Schicksal der Mittelmächte. Am 11. November 1918 unterzeichnet der Zentrumspolitiker Matthias Erzberger im Wald von Compiègne ein Waffenstillstandsabkommen, in dem die Mittelmächte bedingungslos kapitulieren. Neben den besetzten Gebieten muss Deutschland im Westen das gesamte linke Rheinufer räumen, welches von den Alliierten besetzt wird. Rechts des Rheins wird eine 35 Kilometer breite entmilitarisierte Zone geschaffen. Die deutschen Truppen müssen zudem ihr umfangreiches Waffen- und Munitionsmaterial sowie Fahrzeuge und Lokomotiven abliefern, um einen erneuten Krieg unmöglich zu machen. Insgesamt hat der Krieg etwa 10 Millionen Menschenopfer gefordert. Nach dem Zerfall der drei großen Monarchien steht die Friedenskonferenz angesichts der überall extrem aufgeheizten Emotionen und nach wie vor fortbestehenden Konfliktpotenziale vor der unlösbaren Aufgabe eine dauerhafte neue Friedensordnung in Mittel- und Osteuropa zu etablieren. Deutschland wird als Urheber des Krieges für alle Schäden und Verluste haftbar gemacht. Als Reaktion darauf wird in militärischen Kreisen die Dolchstoßlegende kultiviert, nach der ein Krieg für Deutschland prinzipiell gewinnbar gewesen sei. Sie bereitet in der Folgezeit nicht unwesentlich den Nährboden für den politischen Erfolg Adolf Hitlers. Die **Versailler Ordnung** fixiert letztlich nur einen Spannungszustand, der sich schon bald in massiver Form im Zweiten Weltkrieg entladen wird. Auch die Gründung des Völkerbundes kann daran nichts ändern, da dieser auf die Übereinstimmung mit den Großmächten angewiesen ist. Die Zeit zwischen den beiden Weltkriegen bleibt von Krisen erfüllt. Aufgrund von anhaltender Überproduktion und gewissenlosen Spekulationen kommt es 1929 zur Weltwirtschaftskrise, zu deren verhängnisvollen Folgen ein allgemeiner Rüstungswettlauf zählt.

! Zeittafel

1914 Attentat von Sarajewo führt zum Kriegsausbruch.
1914–15 Erstarrung der Fronten in West und Ost im Stellungskrieg.
1917 Kriegseintritt der USA; Russische Revolution.
1918 Zusammenbruch der Mittelmächte und Friede von Brest-Litowsk.
1919 Vertrag von Versailles und Pariser Vorortverträge.

Die Russische Revolution

Mit der russischen Februarrevolution von 1917 wird die Herrschaft des Zaren beseitigt. In der Oktoberrevolution erhebt sich die radikale Minderheit der Bolschewiki. Unter **Lenin** (1870–1924) und **Trotzkis** (1879–1940) Führung wird die „Diktatur des Proletariats" errichtet. In der Folgezeit kommt es zum Ausbruch des Bürgerkrieges zwischen den „roten" Bolschewisten und den „weißen" antibolschewistischen Kräften des

Jossif Stalin

Landes, die letztlich der Roten Armee unterliegen. Unter **Stalin** (1878–1953) wird das System des Bolschewismus zur Grundlage für einen totalitären Staat, in dem unter rücksichtsloser Ausnutzung sämtlicher verfügbaren Arbeitskräfte eine massive Industrialisierung sowie die Kollektivierung der Landwirtschaft vollzogen wird. Stalin führt gleichzeitig Russland während seiner Regierungszeit, in der das russische Volk grausam unterdrückt wird, aus der außenpolitischen Isolation und macht es zur Weltmacht.

! Zeittafel

1917 Februar- und Oktoberrevolution.
1922 Ende des Bürgerkrieges, Sieg der bolschewistischen Roten Armee.
1924 Tod Lenins, Stalin wird zum neuen starken Mann im Land.
1929 Erster Fünfjahresplan.
1936 Verfassung der Union der Sowjetrepubliken.
1939 Deutsch-russischer Vertrag, 4. Teilung Polens.

Die Weimarer Republik

Trotz der großen Last der immensen Reparationszahlungen gelingt es der jungen Weimarer Republik anfangs noch, sich gegen den politischen Radikalismus aus dem linken und rechten Lager zu behaupten. Ihre Regierung befindet sich allerdings in einer sehr schwierigen Situation, da sie die linksradikalen Kräfte mit der Hilfe der monarchistisch gesinnten Reste

Gustav Stressemann wird Reichskanzler der Großen Koalition, Titel des Simplicissimus

des alten Heeres in Zaum halten lässt. Dank **Stresemanns** (1878–1929) Verständigungspolitik wird die Aufnahme in den Völkerbund erreicht. Nach seinem Tod und der Weltwirtschaftskrise wird eine Neuregelung der Reparationsfrage angestrebt, die durch den Dawesplan nicht befriedigend gelöst worden ist. Es kommt aufgrund des alternativen Youngplanes zu schweren innenpolitischen Unruhen. Der Plan wird jedoch letztlich überhaupt nicht ausgeführt, während die radikalen Gruppierungen zunehmend an Macht gewinnen. Da der Reichstag nicht mehr dazu in der Lage ist, eine funktionsfähige Regierung zu bilden, schaltet er sich selbst aus. Nur mithilfe von Notverordnungen des Reichspräsidenten können sich die Regierungen der Republik noch halten. Am 30. Mai 1932 wird **Brüning** (1885–1970) durch **Hindenburg** (1847–1934) entlassen. **Papen** (1879–1969), der dem rechten Zentrumsflügel angehört, hofft, die NSDAP zu gewinnen, erreicht jedoch noch nicht einmal eine Tolerierung seines „Kabinetts der Barone". Bei der Juliwahl von 1932 steigen die Mandate der NSDAP von 107 auf 230. Nachdem Papen die sozialdemokratische preußische Regierung mittels einer Notverordnung abgesetzt hat, wird er seinerseits abgesetzt und Schleicher wird sein Nachfolger. Schleicher versucht erfolglos, die NSDAP in einen linken und rechten Flügel zu spalten. Auch der Verlust von 34 Mandaten der NSDAP bei den Novemberwahlen können **Schleichers** (1882–1934) Kabinett nicht retten. Papen gewinnt unterdessen die rheinischen Großindustriellen für **Hitler** (1889–1945) und bringt Hindenburg dazu, Hitler am 30. Januar 1933 zum Reichskanzler zu ernennen. Die junge Republik weicht dem für Deutschland und die Welt verhängnisvollen Dritten Reich Adolf Hitlers.

> ### Zeittafel
>
> **1922** Rapallovertrag zwischen Deutschland und der UdSSR.
> **1923** Ruhrkampf, Hitlerputsch, Stresemann.
> **1925** Wahl Hindenburgs.
> **1929** Tod Stresemanns, Weltwirtschaftskrise, Youngplan.
> **1930–32** Brüning Reichskanzler, Notverordnungen.
> **1932** Hindenburg wird erneut gewählt, Regierungen Papen und Schleicher.
> **1933** Hitler Reichskanzler.

Hitlers Griff nach der Weltmacht

Unter dem Naziregime Hitlers erfolgt zum zweiten Mal innerhalb eines Jahrhunderts der deutsche

Griff nach der Weltmacht. Antisemitismus und politische Radikalisierung bereiten innenpolitisch den Weg zum Dritten Reich. Die allmähliche Beruhigung der Weltwirtschaft, das Ende der Reparationszahlungen und die Anerkennung der deutschen Rüstungsgleichberechtigung helfen Hitler erheblich dabei, die Arbeitslosigkeit als das zentrale Problem Deutschlands zu überwinden. Die

> **! Der Weg Hitlerdeutschlands zum Zweiten Weltkrieg**
>
> **1933** Notverordnung, Ermächtigungsgesetz, Hitler Reichskanzler.
> **1935** Saarabstimmung, Allgemeine Wehrpflicht.
> **1937** Kriegsausbruch im Fernen Osten.
> **1938** Annektierung Österreichs und des Sudetenlands.
> **1939** Überfall auf Polen, Protektorat Böhmen und Mähren, Pakt mit Russland.

Konferenz von Jalta

Propagandaplakat Hitlers für den Anschluss Österreichs und Deutschlands 1938

demokratischen Parteien werden zerschlagen und die Massen systematisch manipuliert. Durch seine Politik der Gleichschaltung, steigenden Terror und den zügigen Ausbau des Polizeiapparates und der Parteiorganisationen befindet sich Deutschland innerhalb kürzester Zeit in der Umklammerung eines unerbittlichen totalitären Regimes, welches das Volk in das Verderben eines weiteren Weltkrieges unaufhaltsam mit sich reißt.

Zunächst gelingt es Hitler Deutschland und die Welt über seine wahren Ziele zu täuschen, indem er treuherzig seinen Friedenswillen beteuert, um insgeheim Zeit für die Aufrüstung zu gewinnen. Die NSDAP erlangt als im Grunde politische Minderheit die Herrschaft, die in der Folgezeit nur durch Propaganda, Bespitzelung und Terror gesichert wird. Zahlreiche Deutsche erkennen die Gefahr, die von Hitler ausgeht, verhängnisvollerweise erst zu spät. Andere wählen den Weg in die so genannte innere Emigration. Nur wenige leisten dem Hitler-Regime aktiven Widerstand. Hinzu kommen anfängliche außenpolitische Erfolge Hitlers. Seine Forderung nach Selbstbestimmung für die Deutschen Österreichs und des Sudetenlands erscheint den Westmächten noch durchaus berechtigt. Ihre Sympathie gewinnt er anfangs auch mit seiner antibolschewistischen Politik. Der deutsche Überfall auf Polen, der von den Westmächten allerdings keinesfalls toleriert werden kann, führt schließlich zur Katastrophe des Zweiten Weltkrieges.

Der Zweite Weltkrieg

Der deutschen Wehrmacht gelingt es zunächst, fast den gesamten europäischen Kontinent zu erobern, doch der Angriff auf die UdSSR übersteigt schließlich ihre Kräfte. Zusätzlich geschwächt wird die Wehrmacht durch die Unterstützung, die sie Italien auf dem Balkan und in Nordafrika leistet. Mit dem Kriegseintritt Japans und der USA verbinden sich die ostasiatischen und europäischen Kriegsschauplätze zu einem Weltkrieg der Achsenmächte gegen beinahe die gesamte übrige Welt. Der Sieg der Übermacht der Alliierten kann auch durch die von Hitler ausgegebene Parole vom totalen Krieg nicht mehr verhindert werden. Zum Zeitpunkt der bedingungslosen Kapitulation sind die russischen Truppen bis zur Elbe vorgedrungen. Die Konferenz von Jalta im Februar 1945 beschließt die Verschiebung Polens nach Westen und die Aufteilung Deutschlands in alliierte Besatzungszonen. Die UdSSR erweitert somit auch auf politischer Ebene ihren Einflussbereich bis zur Elbe.

! Zeittafel

1939 Überfall auf Polen führt zur Kriegserklärung der Westmächte.
1940 Deutschland besetzt Dänemark und Norwegen, Eroberung der Niederlande sowie Belgiens und Frankreichs, britischer Rückzug bei Dünnkirchen.
1941 Deutscher Feldzug gegen Griechenland und Jugoslawien, Angriff auf die UdSSR, Atlantikcharta, Überfall auf Pearl Harbor durch die Japaner, Kriegserklärung Deutschlands an die USA.

> **Zeittafel**

1942 Wannseekonferenz, Beschluss zum systematischen Völkermord an den Juden.
1943 Kapitulation deutscher Armeen in Stalingrad und Tunis, Casablanca-Konferenz, Verkündung des totalen Kriegs durch Goebbels (1897–1945), Kapitulation Italiens, Vordringen der russischen Armee.
1944 Alliierte Invasion in Nordfrankreich, an der Ostfront Offensiven der russischen Armee, massiver Luftkrieg gegen Deutschland.
1945 Kapitulation Deutschlands, Hitler begeht Selbstmord, Atombomben der USA auf Hiroshima, Kapitulation Japans.

Die Volksrepublik China

Die Errichtung der Volksrepublik China (1949) stellt ein äußerst wichtiges weltpolitisches Ereignis der Nachkriegsära dar: Der beinahe fünfzigjährige Bürgerkrieg wird beendet und der Sowjetblock um fast 450 Millionen Menschen verstärkt, wodurch die Stellung der USA in Asien eine erhebliche Schwächung erleidet.

Mit Hilfe einer radikalen Revolution beabsichtigt **Mao Tse-tung** (1893–1976), das rückständige Agrarland in eine moderne Industrienation zu verwandeln. Die Kulturrevolution der Roten Garden gerät jedoch in einen Gegensatz zum Zentralkomitee der Kommunistischen Partei und des

> **Schon gewusst?**

Im August 1942 rückt die 6. Armee unter Führung von Generalfeldmarschall Paulus (1890–1957) nach Stalingrad vor. Unter schweren Verlusten schaffen es die deutschen Truppen, die Stadt größtenteils zu erobern. Die in kleinere Stoßtruppen zersplitterte Armee liefert sich anschließend mit den sowjetischen Truppen in den Straßen der Stadt erbitterte Kämpfe. Am 22. November schlägt die Rote Armee dann massiv zurück. Sie kesselte die 6. Armee in Stalingrad ein und schneidet sie damit von den übrigen deutschen Truppen ab. Da der Führer anordnet, Stalingrad um jeden Preis zu halten, versucht man die eingekesselten Soldaten aus der Luft zu versorgen, was jedoch kaum funktioniert. Auch eine Befreiung von außen schlägt fehl. Über 150.000 Soldaten verlieren im Kessel von Stalingrad ihr Leben. Am 10. Januar 1943 kapituliert Generalfeldmarschall **Paulus** schließlich entgegen Hitlers Befehlen. Die Niederlage von Stalingrad wird zu einem kollektiven traumatischen Erlebnis für die Deutschen.

Mao Tse-tung und Lin Piao

Heeres. Aufgrund seiner außenpolitischen Ambitionen gerät Mao zudem in ein Spannungsverhältnis zu Moskau. Er ist ein konsequenter Verfechter der Idee einer militanten Weltrevolution, deren Führung er zugleich beansprucht. Offiziell wird die Kulturrevolution 1969 für beendet erklärt. Wesentliche Züge der Bewegung bleiben jedoch auch weiterhin noch erhalten.

Erst mit Maos Tod und der Verdammung seiner Witwe gewinnen die gemäßigten Kräfte wieder die Oberhand und vermögen das Land langsam wieder aus dem von Mao und seinen Anhängern verursachten Chaos herauszumanövrieren.

> **Zeittafel**
>
> **1911** Revolution in China.
> **1949** Errichtung der Volksrepublik China durch Mao Tsetung.
> **1966–79** Maoistische Kulturrevolution.

Das Ende des Kolonialismus

Abgesehen von Lateinamerika, das sich bereits im 19. Jh. von der spanischen und portugiesischen Kolonialherrschaft befreien kann, gerät das System des Kolonialismus durch die veränderte Weltsituation nach dem Ende des Zweiten Weltkrieges in seine abschließende Krise. Erschöpft von zwei Weltkriegen sind die Kolonialmächte nicht mehr dazu in der Lage, ihre überseeischen Besitzungen zu behaupten. Die **Unabhängigkeit Indiens** (1947) entfaltet weltweite Signalwirkung. Der Unabhängigkeitsprozess der Kolonialterritorien verläuft seit 1945 mit jeweils unterschiedlichen regionalen Schwerpunkten zunächst in Asien, setzt sich in den arabischen Ländern fort, erreicht Afrika zu Beginn der 1960er-Jahre und findet seinen Abschluss mit dem Zusammenbruch der portugiesischen Kolonialherrschaft in Afrika Mitte der 1970er-Jahre. Das Ergebnis dieses Prozesses bleibt zwiespältig: Einerseits entwickeln sich eigenständige Nationalstaaten, andererseits bleiben neokoloniale Abhängigkeitsverhältnisse im wirtschaftlichen, kulturellen und politischen Bereich bestehen. Die Existenz einer **Dritten Welt** und die Bemühungen, den in ihr beheimateten so genannten blockfreien Staaten politisches Gewicht zu verleihen, werden zu einem zentralen Faktor der modernen Weltpolitik. Obwohl sich die Blockfreien darum bemühen, als Puffer zwischen Ost und West zu fungieren, überlagern sich in einigen Fällen der Ost-West-Konflikt und der Dekolonisationsprozess. Beispiele sind der **Vietnamkrieg** in seiner französischen (1946–1954) und amerikanischen Phase (1964–1973), der **Nahostkonflikt** (seit 1948) sowie zahlreiche antikoloniale Befreiungskriege wie etwa die **kubanische Revolution** (1959), welche mit der Kuba-Raketen-Krise (1962) beinahe zu einer atomaren Eskalation des West-Ost-Konfliktes führt, letztlich jedoch die Endphase des Kalten Krieges einleitet.

Das Zeitalter des Kalten Krieges

Der Begriff des Kalten Krieges ist 1947 von dem Journalisten **Walter Lippmann** (1889–1974) geprägt worden. Er bezeichnet den nach dem Zweiten Weltkrieg niemals in Form einer direkten militärischen Konfrontation geführten Konflikt zwischen den USA und der UdSSR, der mit dem Zusammenbruch des Sowjetimperiums sein Ende findet. Mit der Einführung der Währungsreform (1948) wird zwar eine wichtige Grundlage zur Erholung der deutschen Wirtschaft gelegt, gleichzeitig entwickeln sich jedoch unter dem Einfluss der Siegermächte die beiden Teile Deutschlands weiter

Protestaktionen in den USA gegen den Vietnamkrieg

Sowjet. Monument für die Eroberung des Weltraumes in den 1960er-Jahren

auseinander. Der Streit um die völkerrechtliche Anerkennung der DDR sowie der **Mauerbau** (1961) führen zu einer Verschärfung des **Kalten Krieges**. Erst unter der Regierung Brandt (1913–92) kommt es (1969) zu einer graduellen Verbesserung des Verhältnisses zwischen den beiden deutschen Staatsgebilden. Deutschland steht bis zum Ende des Kalten Krieges (1990/91) gewissermaßen im Zentrum des West-Ost-Konflikts, während der Frieden zwischen den beiden Supermächten, die einen Wettlauf um die Erschließung des Weltraums und die Nutzung der Atomkraft austragen, durch das so genannte Gleichgewicht des Schreckens gewährleistet wird.

! Zeittafel

1945 Gründung der Vereinten Nationen, Potsdamer Konferenz, die Sowjetunion geht mit den größten territorialen und politischen Gewinnen aus dem Zweiten Weltkrieg hervor.
1947 Friedensverträge mit den Verbündeten Deutschlands.
1948 Erste Währungsreform.
1949 Nordatlantikpakt der Westmächte, Gründung von BRD und DDR, Adenauer (1876–1967), (CDU) erster Kanzler der BRD.
1953 Tod Stalins, Aufstand gegen das DDR-Regime; die DDR wird von der UdSSR als souveräner Staat anerkannt.
1955 Warschauer Pakt der Ostblockstaaten.
1957 Erster Erdsatellit der UdSSR im Weltraum, Römische Verträge (EWG, Euratom).
1958 Berliner Ultimatum der DDR.
1960 Konflikt zwischen Moskau und Peking führt zur Spaltung des Weltkommunismus.
1961 Erster Weltraumflug der UdSSR, Errichtung der Mauer in Berlin.
1962 Kuba-Krise, Welt am Rande eines Weltkrieges führt zu ersten Entspannungsbemühungen der Supermächte.
1963 Atomstoppabkommen, Ermordung von US-Präsident Kennedy, Rücktritt Adenauers, Regierung Erhard (1897–1977).

> **! Zeittafel**

1964–82 Breschnew (1906–1982) Generalsekretär der KPDSU.
1965 120 Erdumkreisungen durch US-Astronauten.
1966 Große Koalition CDU/SPD, Regierung Kiesinger-Brandt.
1968 Notstandsgesetzgebung in der BRD, neue DDR-Verfassung, Prager Frühling, Militärintervention der Warschauer-Pakt-Staaten (außer Rumänien).
1969 SPD/FDP Koalition Brand-Scheel.
1970 Beginn der neuen Ostpolitik der BRD unter Willy Brandt, Verträge mit Moskau und Warschau, blutige Unruhen in Danzig, Sturz Gomulkas (1905–82).
1971 Unterzeichnung des Berliner Vier-Mächte-Abkommens.
1975 Menschenrechts-Charta der KSZE in Helsinki.
1976 Unruhen in Radom.
1979 Militärintervention der UdSSR in Afghanistan, Afghanistankrieg (bis 1988).
1980 Streiks in Polen und Gründung der Solidarnosc unter Lech Walesa (geb. 1943).
1981 Kriegszustand in Polen (bis 1983).
1982–84 Andropow (1914–84) KPDSU-Generalsekretär.
1984–85 Tschernenko (1911–85) KPDSU-Generalsekretär.

Das Ende des Kalten Krieges und der Zusammenbruch der Sowjetunion

Unter der Führung von Michail Gorbatschow kommt es zu einer bemerkenswerten äußerst weit reichenden Öffnung der Sowjetunion gegenüber dem Westen. Mit der deutschen Wiedervereinigung findet Gorbatschows Politik des Umbaues (**Perestrojka**) und der Offenheit (**Glasnost**) ihren krönenden Höhepunkt. Bei denjenigen kommunistischen Staaten, in denen es in jüngster Zeit zu Unruhen in der Bevölkerung gekommen ist, stößt die von Gorbatschow eingeschlagene Politik jedoch auf zunehmende Ablehnung. Schließlich kann die Herrschaft des sozialistischen Regimes vielerorts nur durch die konsequente systematische Unterdrückung der jeweiligen oppositionellen Gruppen gewährleistet werden. Im August 1991 unternehmen daher orthodox-kommunistische Kräfte einen Staatsstreich gegen Gorbatschow. Erst nach drei Tagen gelingt es den von **Boris Jelzin** (geb. 1931) angeführten Reformern, die Erhebung zu beenden. Der Staatsstreich führt zu einem massiven Autoritätsverlust Gorbatschows, der als Generalsekretär der KPDSU zurücktritt, die als Partei einige Tage später auch verboten wird. Am 5. September kommt es zur Bildung einer Übergangsregierung in Form eines Staatsrates, der aus den Präsidenten der Sowjetrepubliken gebildet wird, dessen Vorsitz Gorbatschow übernehmen soll. Die Republiken sind jedoch untereinander völlig zerstritten. Litauen, Lettland und Estland bezeichnen ihre Zugehörigkeit zur UdSSR als unrechtmäßig. Am 6. Dezember 1991 erkennt der Staatsrat die Unabhängigkeit der baltischen Staaten offiziell an. Zwei Tage später verlassen Weißrussland, Russland und die Ukraine ebenfalls die Sowjetunion und gründen die **Gemeinschaft unabhängiger Staaten** (GUS), zu der am 21. Dezember noch acht weitere ehemalige Sowjetrepubliken hinzukommen, womit das Ende der Sowjetunion besiegelt ist. Am 26. Dezember 1991 löst schließlich das Sowjetparlament das einstmals größte Land der Welt endgültig auf.

Die deutsche Wiedervereinigung

Nachdem die SED-Führung aufgrund zunehmenden außen- und innenpolitischen Drucks am 9. November 1989 die Grenzen geöffnet hat, gerät ihr die Situation endgültig außer Kontrolle. Immer mehr Menschen schließen sich Parteien und Bürgerrechtsbewegungen an, die den Führungsanspruch des sozialistischen Regimes infrage stellen. Unter dem Druck der Parteien, der Bürgerrechtsbewegungen, sowie generell der Bevölkerung, die massiv auf eine Verständigung mit dem Westen drängt, schlägt Ministerpräsident **Modrow** (geb. 1928) am 17. November 1989 offiziell in seiner Regierungserklärung die Möglichkeit einer Vertragsgemeinschaft zwischen DDR und BRD vor, die von Bundeskanzler **Helmut Kohl** (geb. 1930) in seinem kurz darauf erfolgenden Zehn-

> ! **Zeittafel**
>
> **1985–91** Michail Gorbatschow Generalsekretär der UdSSR, Glasnost und Perestrojka.
> **1989** Selbstauflösung der DDR – Dominoeffekt für den gesamten Sowjetblock.
> **1990** Deutsche Wiedervereinigung.
> **1991** Moskauer Augustputsch führt zum Sturz Gorbatschows, Auflösung der Sowjetunion, GUS als lockere Nachfolgekonföderation, politische und wirtschaftliche Krise Russlands unter Präsident Jelzin.
> **1999** Rücktritt von Jelzin zugunsten von Putin (geb. 1952).

Helmut Kohl

Punkte-Plan aufgegriffen wird. Während sich die USA relativ schnell mit dem Gedanken einer möglichen Einheit Deutschlands anfreunden können, fallen die Reaktionen Frankreichs und Großbritanniens eher verhalten aus. Vor diesem Hintergrund überrascht die Reaktion Gorbatschows, der gegenüber dem DDR-Ministerpräsidenten Modrow die Unvermeidlichkeit der deutschen Einheit betont, dabei jedoch eine Einbettung in den europäischen Einigungsprozess für notwendig hält. Eine der politischen Fragen stellt die Bündniszugehörigkeit eines neuen Deutschlands dar, da eine künftige NATO-Mitgliedschaft zweifellos einen enormen Machtverlust für die Sowjetunion bedeutet. Zur großen Überraschung der Weltöffentlichkeit erklären jedoch am 16. Juli 1990 Gorbatschow und Kohl, dass alle wesentlichen Probleme bezüglich eines vereinten Deutschlands bereits gelöst worden seien. Das deutsche Volk könne seine Bündniszugehörigkeit frei wählen.

Die Einheit und ihre Folgen

Aufgrund dieser Zusage und des wachsenden Drucks seitens der gesamtdeutschen Politik sehen sich die alliierten Mächte zum Handeln aufgerufen und unterzeichnen gemeinsam mit den Vertretern beider deutschen Staaten am 12. September 1990 den so genannten **Zwei-plus-vier-Vertrag**, der die Souveränität Gesamtdeutschlands sowie jeglichen Verzicht der Alliierten auf deutsches Gebiet festhält. Entsprechend dem Artikel 23 des Grundgesetzes tritt am 3. Oktober 1990 die Deutsche Demokratische Republik der Bundesrepublik Deutschland bei, womit die beiden deutschen Staaten nach über 30 Jahren wiedervereinigt sind.

Jubelnde Menschen auf der Berliner Mauer am 9. November 1989

Welche enormen Erblasten dem vereinigten Deutschland durch das ehemalige SED-Regime auferlegt werden, ist in der allgemeinen Euphorie des Vereinigungsjahres 1990 zunächst wenigen klar. Doch schon sehr bald stellt sich heraus, dass die Erneuerung der Wirtschaft, der gesamten Infrastruktur sowie die erheblichen Umweltschäden eine riesige Belastung bedeuten, die unmöglich von den ostdeutschen Bundesbürgern allein getragen werden kann. Die Deutschen sehen sich daher dazu gezwungen, die Erblasten der Teilung als Volk gemeinsam zu übernehmen und werden mit der Bewältigung ihre Folgen auch noch lange beschäftigt sein.

Der Bürgerkrieg in Jugoslawien

1991 beschließen die Teilrepubliken Kroatien, Slowenien und Makedonien, sich von Jugoslawien unabhängig zu machen. Dies führt zu ersten Kämpfen zwischen Serbien und Slowenien, die bereits nach zwei Wochen wieder beendet sind, da Serbien offensichtlich kein Interesse daran hat, das künstliche Staatengebilde Jugoslawien weiter aufrechtzuerhalten.

Serbien strebt stattdessen ein großserbisches Reich an, das alle von Serben bewohnten Gebiete Jugoslawiens umfassen soll. Da in Slowenien kaum Serben leben, erscheint ein dortiger massiver Militäreinsatz als nicht sinnvoll. Anders stellt sich aus serbischer Perspektive die Situation in Bezug auf Kroatien dar, wo sich mit der Krajina ein serbisches Gebiet auf kroatischem Boden befindet. Nach kurzen Verhandlungsbemühungen, die zu keiner politischen Lösung führen, bricht ein heftiger

> **! Zeittafel**
>
> **1974** Schmidt (geb. 1918) löst Brandt als Kanzler der SPD-regierten BRD ab, das „Tauwetter" zwischen den beiden deutschen Staaten ist vorläufig beendet.
> **1982** Misstrauensvotum gegen Schmidt führt zur Wahl Helmut Kohls (CDU) an der Spitze einer CDU/CSU/FDP-Koalition.
> **1985** Gorbatschow Generalsekretär der UdSSR bis 1991, Glasnost und Perestrojka.
> **1989** Fall der Berliner Mauer, Selbstauflösung der DDR.
> **1990** Deutsche Wiedervereinigung.
> **1998** Nach 16 Jahren an der Macht wird mit Helmut Kohl erstmalig in der Geschichte der BRD ein Kanzler vom Volk abgewählt; SPD/Grünen-Koalition unter dem amtierenden Bundeskanzler Gerhard Schröder (geb. 1944).

„Bruderkrieg" zwischen den beiden Republiken aus. Die Kämpfe zwischen der pro-serbischen Bundesarmee und den kroatischen Verteidigungs-Streitkräften werden mit unerwarteter Härte ausgetragen. Mehr als ein Drittel des kroatischen Gebietes wird von serbischen Streitkräften besetzt.

Die Europäische Union und die UNO stehen den Kampfhandlungen in Jugoslawien zunächst relativ ratlos gegenüber. Man kann sich auf keinerlei gemeinsames Vorgehen einigen. Im Winter 1991 erkennt die deutsche Regierung die Souveränität der Staaten Kroatien und Slowenien an, wodurch der Konflikt sich noch weiter zuspitzt. Noch bevor Bosnien-Herzegowina Gelegenheit hat, seine Unabhängigkeit zu erklären, greift der Konflikt auch auf jene Republik über, in der sämtliche jugoslawischen Volksgruppen vertreten sind.

Während die Serben die **Serbische Republik Bosnien-Herzegowina** ausrufen, gründen die Kroaten die **Kroatische Union von Bosnien und Herzegowina**. Es kommt zu erbitterten Kämpfen zwischen den verschiedenen Volksgruppen. Auch die bosnische Hauptstadt Sarajevo wird zum Kriegsschauplatz. Zunächst kämpfen die Muslime an der Seite der Kroaten gegen die Serben. Doch im Verlauf des Krieges bricht auch diese Koalition zusammen, sodass sich schließlich drei große Konfliktparteien im Jugoslawienkrieg feindlich gegenüberstehen.

Der Krieg konzentriert sich vor allem auf Bosnien-Herzegowina, wo sich jedoch keine Kriegspartei entscheidend durchsetzen kann. Aufgrund der Unterstützung durch die Nato gewinnen 1994 die Kroaten, die mit Luftangriffen gegen die bosnischen Serben vorgehen, die Überhand. Durch das Friedensabkommen von Dayton wird der Krieg 1995 schließlich beendet.

 Schon gewusst?

Im November 1995 schließen die Kriegsparteien offiziell Frieden und unterzeichnen das so genannten **Dayton-Abkommen**. Bosnien-Herzegowina wird zwischen Serben und Kroaten (unter Einschluss der bosnischen Muslime) aufgeteilt und als eigenständiger Staat anerkannt. Beide Völker stellen ein gemeinsames Parlament. Sarajevo bleibt die Hauptstadt Bosniens. Eine internationale Friedenstruppe IFOR (Implementation Force) unter NATO-Kommando wird in Bosnien stationiert, die nach den im September 1996 abgehaltenen Parlaments- und Präsidiumswahlen durch die so genannte SFOR (Stabilization Force) abgelöst wird.

Zentrale Daten der Weltgeschichte

Frühgeschichte

500000-5500 v. Chr.	Alt- und Mittelsteinzeit (Alt- und Mittelpaläolithikum)
5500-2200 v. Chr.	Jungsteinzeit (Neolithikum)
2200-800 v. Chr.	Bronzezeit
800-400 v. Chr.	Ältere Eisenzeit (sog. Hallstattzeit)
400-15 v. Chr.	Jüngere Eisenzeit (sog. Latènezeit)

Frühe Hochkulturen

ab 4000 v. Chr.	Erste Hochkulturen
um 3000 v. Chr.	Stadtstaaten der Sumerer in Mesopotamien
2850-2200 v. Chr.	Altes Reich von Memphis
um 2350 v. Chr.	Akkad in Mesopotamien
2050-1700 v. Chr.	Mittleres Reich von Theben
um 1700 v. Chr.	Hammurabi in Babylon
1570-1085 v. Chr.	Neues Reich von Theben
um 1000 v. Chr.	Eroberung Palästinas durch die Israeliten
587 v. Chr.	Eroberung Jerusalems durch Nebukadnezar
ab 550 v. Chr.	Aufstieg des Perserreiches unter Kyros

Völkerwanderungszeit

ab 2200 v. Chr.	Erste Indogermanische Wanderung
um 1400 v. Chr.	Achäer (Frühgriechen) auf Kreta, Minoische Periode (bis 1200 v. Chr.)
ab 1200 v. Chr.	Zweite Indogermanische Wanderung, Krise des Vorderen Orients

Griechische Geschichte

750-550 v. Chr.	Griechische Kolonisation
621 v. Chr.	Aufzeichnung des Rechtes durch Drakon in Athen
594 v. Chr.	Solonische Reformen
561-510 v. Chr.	Tyrannis des Pesistratos und seiner Söhne
ab 550 v. Chr.	Peloponnesischer Bund
507 v. Chr.	Verfassung des Kleisthenes in Athen
500-494 v. Chr.	Ionischer Aufstand gegen die Perser
490-479 v. Chr.	Perserkriege
462 v. Chr.	Blütezeit Athens unter Perikles
431-404 v- Chr.	Peloponnesischer Krieg
386 v. Chr.	Königsfriede von Sardes
338 v. Chr.	Sieg Philipps II. von Makedonien bei Chaironeia
336-323 v. Chr.	Alexander der Große
330 v. Chr.	Ende des Perserreiches
323 v. Chr.	Tod Alexanders in Babylon, Nachfolgekonflikte

Römische Geschichte

ab 1200 v. Chr.	Italiker besiedeln Italien
753 v. Chr.	Gründung Roms (der Legende nach)
510 v. Chr.	Sturz des Königtums in Rom
um 450 v. Chr.	Zwölftafelgesetz
um 390 v. Chr.	Einfall der Kelten
366 v. Chr.	Zulassung der Plebs zum Konsulat
264-241 v. Chr.	Erster Punischer Krieg
218-201 v. Chr.	Zweiter Punischer Krieg
216 v. Chr.	Sieg Hannibals bei Cannäa
149–146 v. Chr.	Dritter Punischer Krieg endet mit der Zerstörung Korinths und Karthagos
133-130 v. Chr.	Römische Bürgerkriege
113-101 v. Chr.	Kriege gegen die Kimber und Teutonen
91-89 v. Chr.	Bundesgenossenkrieg
82-79 v. Chr.	Sulla Diktator
60 v. Chr.	Erstes Triumvirat mit Caeser, Pompeius und Marius
58-52 v. Chr.	Eroberung Galliens durch Caesar
48-44 v. Chr.	Herrschaft Caesars
31 v. Chr.	Sieg Octavians bei Acium
7/6 v. Chr.	Geburt Jesu in Bethlehem

31 v. Chr.-14 n. Chr.	Octavianus Augustus
9 n. Chr.	Niederlage des Varus im Teutoburger Wald
45-58	Missionsreisen des Paulus
70	Zerstörung Jerusalems durch Titus
224	Begründung des Neupersischen Reiches (bis 642)
235-84	Soldatenkaiserzeit
284-395	Kaise Diokletian
323-37	Unter Konstantin I. Rekonsolidierung des Römischen Reiches
354-430	Augustinus
um 375	Beginn der germanischen Völkerwanderung
391	Christentum Staatsreligion, Zerstörung der Bibliothek in Alexandria, Ende der klassischen Antike
451	Schlacht auf den Katalaunischen Feldern, Abwehr der Hunnen
476	Ende des Weströmischen Reiches, Germanische Nachfolgereiche

Mittelalter

482-511	Frankenkönig Chlodwig, Eroberung von Teilen des weströmischen Reiches
493-540/53	Ostgotenreich (unter Theoderich bis 526)
527-67	Kaiser Justinian
590-604	Papst Gregor der Große
622	Flucht Mohammeds von Mekka nach Medina
634-644	Kalif Omar, Begründer des arabischen Weltreiches
711	Eroberung des Westgotenreiches durch die Mauren
732	Franken unter Karl Martell besiegen die Araber bei Tours und Poitiers
751	Salbung Pippins des Jüngeren zum König
768-814	Karl der Große
800	Kaiserkrönung Karls in Rom
843	Vertrag von Verdun, Karolingerreich dreigeteilt (bis 870)
919	Wahl Heinrichs I., Königreich der Deutschen (bis 1806)
936-73	Otto der Große
955	Sieg Ottos I. über die Ungarn bei Augsburg
962	Kaiserkrönung Ottos in Rom

1046	Synode von Sutri
1059	Papstwahldekret, Beginn der Kirchenreform gegen Simonie und Laieninvestitur
1073-85	Gregor VII.
1077	Canossagang Heinrichs IV.
1096-99	Erster Kreuzzug, Eroberung Jerusalems
1122	Wormser Konkordat
1152-90	Friedrich I., Barbarossa
1180	Absetzung Heinrichs des Löwen
1183	Friede von Konstanz
1190-97	Heinrich VI.
1198	Thronstreit zwischen Staufern und Welfen, Doppelwahl Philipp von Schwaben und Otto IV.
1198-1216	Papst Innozenz III.
1214	Schlacht bei Bouvines, Sieg Frankreichs über England
1215	Magna Charta, Laterankonzil
1215-50	Friedrich II.
1250-73	Interregnum in Deutschland
1273-91	König Rudolf von Habsburg
1279	Ende der Eroberung Chinas durch die Mongolen
1282	Sizilianische Vesper, Anjou aus Sizilien vertrieben
1309	"Babylonische Gefangenschaft" des Papsttums in Avignon (bis 1377)
1347-78	Karl IV. (Luxemburg)
1370	Hansefriede von Stralsund
1410	Sieg Polens und Litauens über Deutschen Orden
1414-18	Konzil von Konstanz
1415	Portugal erobert Ceuta, portugiesische Seeexpansion
1420-36	Hussitenkriege
1453	Osmanen erobern Konstantinopel, Ende des Byzantinischen Reiches

Neuzeit

1483-1546	Martin Luther leitet die Reformation ein
1492	Kolumbus entdeckt Amerika, Ferdinand von Aragon und Isabella von Kastilien erobern Granada
1494	Vertrag von Tordesillas

1517	95 Thesen Luthers
1519-56	Kaiser Karl V.
1521	Wormser Edikt
1529	Reformation in England
1556-98	Philipp II. von Spanien
1558-1603	Elisabeth I. von England
1562-98	Hugenottenkriege in Frankreich
1567-1648	Niederländischer Freiheitskampf
1588	Vernichtung der spanischen Armada
1598	Edikt von Nantes
1618-48	Prager Fenstersturz (1618) führt zum Dreißigjährigen Krieg
1624-61	Richelieu und Mazarin leitende Minister in Frankreich
1632	Tod Gustav Adolfs
1634	Absetzung und Tod Wallensteins
1648	Westfälischer Friede
1651	Naviagationsakte Oliver Cromwells (bis 1658 Lord-Protector in England)
1660	Herzogtum Preußen wird zum souveränen Besitzer Brandenburgs
1661-1714	Regierungszeit Ludwig XIV.
1679	Habeascorpusakte
1682-1725	Reformen Peter des Großen in Russland
1683	Scheitern der türkischen Belagerung Wiens, Niedergang des Osmanischen Reiches, Österreich wird zur Großmacht (bis 1918)
1688-89	Glorious Revolution und Declaration of Rights in England
1701-14	Spanischer Erbfolgekrieg
1701-21	Zusammenbruch Schwedens im Nordischen Krieg
1713-40	Friedrich Wilhelm I., Soldatenkönig
1740-86	Friedrich II., der Große
1756-63	Siebenjähriger Krieg
1769	Erfindung der Dampfmaschine durch James Watts, Industrielle Revolution in England
1772	Erste Teilung Polens
1775-83	Nordamerikanischer Unabhängigkeitskrieg
1776	Unabhängigkeitserklärung der Vereinigten Staaten von Amerika

1787	Verfassung der Vereinigten Staaten
1789	Französische Revolution
1795	Frieden von Basel
1799	Sturz des Direktoriums (seit 1795) durch Napoleon Bonaparte
1800	Union Irlands mit England
1804	Code Civil und Kaiserkrönung Napoleons
1805	Sieg der Engländer bei Trafalgar, Sieg Napoleons bei Austerlitz
1806	Rheinbund, Auflösung des seit 962 bestehenden Deutschen Reiches
1807	Frieden von Tilsit, Napoleon verhängt Kontinentalsperre über England
1807	Reformen des Freiherrn von Stein
1810-25	Südamerikanische Unabhängigkeitskriege unter Bolivar
1812	Scheitern des napoleonischen Russlandfeldzuges
1813-15	Befreiungskriege
1815	Wiener Kongress
1817	Wartburgfest der deutschen Burschenschaften
1819	Karlsbader Beschlüsse
1821-29	Griechischer Befreiungskampf
1823	Monroedoktrin "Amerika den Amerikanern", Französische Julirevolution
1832	Parlamentsreform in England
1834	Deutscher Zollverein
1837	Aufstand der Göttinger Sieben
1837-1901	Königin Victoria von England, Goldenes Zeitalter für England
1847	Karl Marx, Kommunistisches Manifest
1848	Februarrevolution in Frankreich, Märzrevolution in Deutschland
1850	Vertrag von Olmütz
1852	Kaiser Napoleon III.
1853-56	Krimkrieg
1858	Wilhelm I. (Prinzregent bis 1861, 1871 Deutscher Kaiser)
1859	Italienischer Einigungskrieg
1861-65	Amerikanischer Bürgerkrieg (Sezessionskrieg)
1862	Bismarck preußischer Ministerpräsident (bis 1890)

1863	Gründung des Allgemeinen Deutschen Arbeitervereins
1864	Krieg Österreichs und Preußens gegen Dänemark
1866	Siegreicher preußischer Krieg gegen Österreich und seine Bundesgenossen
1869	Gründung der sozialdemokratischen Arbeiterpartei
1870	Erstes Vatikanisches Konzil, Ende des Kirchenstaats
1870-71	Deutsch-Französischer Krieg
1871	Reichsgründung, zweites deutsches Kaiserreich (bis 1918)
1878	Sozialistengesetz (bis 1890), Berliner Kongress
1879	Zweibund Deutschlands mit Österreich
1883-89	Sozialgesetzgebung Bismarcks
1887	Rückversicherungsvertrag mit Russland
1890	Entlassung Bismarcks
1891	Erfurter Programm der Sozialdemokratie
1898	Spanisch-amerikanischer Krieg, USA steigen zur Großmacht auf

20. Jahrhundert

1904-07	Ententen England mit Frankreich und Russland
1912-13	Balkankriege
1914-18	Attentat von Sarejewo führt zum Ersten Weltkrieg
1917	Russische Revolution, Kriegseintritt der USA
1918	Frieden von Brest-Litowsk, 14 Punkte Wilsons
1919	Versailler Vertrag und Pariser Vorortverträge
1922	Mussolinis "Marsch auf Rom", bis 1943/45 Faschismus in Italien, Rapallovertrag zwischen Deutschem Reich und Russland, Teilung Irlands
1923	Hitlerputsch
1924	Dawes Plan, Aufstieg Stalins nach Lenins Tod
1925	Hindenburg Reichspräsident
1932	Wiederwahl Hindenburgs, Regierungen Papen und Schleicher
1933	Hitler Reichskanzler
1935	Allgemeine Wehrpflicht, Nürnberger Gesetze
1938	"Anschluss" Österreichs
1939	Reichsprotektorat Böhmen und Mähren, Hitler-Sta-

	lin-Pakt, Überfall auf Polen führt zum Ausbruch des Zweiten Weltkrieges (bis 1945)
1941	Überfall Japans auf Pearl Harbour, Kriegseintritt der USA
1942	Wannseekonferenz zur "Endlösung der Judenfrage"
1943	Stalingrad, Invasion der Aliierten in Italien
1944	Invasion der Allierten in der Normandie
1945	Kapitulation der Wehrmacht, US-Atombomben auf Hiroshima und Nagasaki, Konferenz von Potsdam, Gründung der Vereinten Nationen
1948	Währungsreform
1949	Gründung der BRD und der DDR
1950-53	Koreakrieg
1953	Tod Stalins
1955	Warschauer Pakt der Ostblockstaaten
1956	Geheimrede Chrustschows, Aufstände in Polen und Ungarn, Suezkrise
1957	Römische Verträge
1958	Generalputsch in Algerien, Ende der 4. Republik
1960	"Jahr Afrikas", zahlreiche afrikanische Staaten erringen Unabhängigkeit
1961	Errichtung der Mauer in Berlin
1962	Unabhängigkeit Algeriens
1963	Ermordung Kennedys
1965	Sturz Chrustschows
1968	Prager Frühling, Militärintervention des Warschauer Paktes
1969	Erste Mondlandung durch Armstrong undAldrin

1970	Aufstand in Danzig
1972	Ende des Vietnamkrieges, Watergateskandal
1973	Weltwirtschaftskrise
1974	"Nelkenrevolution" in Portugal
1975	Unabhängigkeit Angolas und Mozambiques, Tod Francos, Spanien konstitutionelle Monarchie
1976	Verschärfung der Polenkrise
1979	Russische Militärintervention in Afghanistan
1980	Solidarnosc-Bewegung in Polen
1981-89	Reagan US-Präsident
1982-98	Helmut Kohl (CDU) Bundeskanzler
1985	Öffnung der Sowjetunion gegenüber dem Westen unter Gorbatschow
1986	Intifada, permanenter arabischer Aufstand in den von Israel besetzten Gebieten
1989	Fall der Berliner Mauer, Niedergang des Kommunismus
1990	Deutsche Wiedervereinigung, Sturz des Kommunismus in Osteuropa, Besetzung Kuwaits durch den Irak führt zu US-Intervention
1991	Augustputsch in Moskau, Rücktritt Gorbatschows
1991-95	Bürgerkrieg in Jugoslawien
1993	Europäische Union
1995	Kroatien erobert Krajina zurück, Massenflucht der Serben
1998	Abwahl Helmut Kohls, Gerhard Schröder (SPD) neuer Bundeskanzler
2000	Putin wird Nachfolger Jelzins in Russland

Register

A
Aetius 46
Ahmose 18
Akkad-Kultur 12, 16
Alarich 45
Alexander d. Gr. 18, 22, 25, 28, 29, 31, 32, 33, 34
Alexios, Kaiser 59
Alkibiades 31
Altsteinzeit 5, 6, 9
Amerigo Vespuccis 72
Amerikanischer Unabhängigkeitskrieg 70
Antigonos 34
Apostel Paulus 44
Arcadius, Kaiser 43
Aristoteles 28
Aschoka 25
Asiento Vertrag 80
Assyrien 16
Attila, Hunnenkönig 46
Attischer Seebund 30
Augustus 41, 42
Aulus Vitellius 42
Aunjetitzer-Kultur 13
Austalopithecus 6

B
Babylonische Kultur 12
Basler Konzil 65
Belisar 46
Bismarck, Otto von 70, 92, 93, 94, 96
Boleslaw III. 63
Boston Tea Party 83
Bronzezeit 5, 12, 13
Brüning 103

C
Caesar 19, 38, 39, 40, 41
Caligula 42
Canossa 58
Carnac 12, 14
Childerich I. 50, 53
Childerich III. 51, 53
Chlodwig I. 50, 53
Chlothar I. 51
Christoph Kolumbus 68, 70, 71, 72
Clairvaux, Bernhard von 60
Claudius I., Kaiser 42
Code Civil 87
Cortéz 68
Cromagnon-Mensch 6, 8

D
Darius III., König 33
Declaration of Rights 78, 79
Diderot, Denis 76
Diokletian 43
Djoser 18
Domitian 42
Dreißigjähriger Krieg 69, 75, 79

E
Eisenzeit 5, 13, 14
Epaminondas 33
Europiden 8

F
Ferdinand II. 66
Feuerstein 9
Friedrich I. 61
Friedrich II. 50, 60, 62, 77, 81, 82

Friedrich III. 64
Friedrich Wilhelm I. 81, 82
Frühminoische Periode 20
Frühmittelalter 47
Fürst von Metternich 89, 90
Fürstengräber 13

G

Gaius 38
Gaius Cassius 40
Gaius Gracchus 36
Gaius Octavius 40
Gautama Buddha 25
Geiserich 46
Gelimers 46
Gemeinschaft unabhängiger Staaten (GUS) 111
Girolamo Savonarola 64
Glasnost 110, 111
Glorious Revolution 78, 79
Gnaeus Pompeius 39
Gorbatschow, Michail 98, 110, 111, 112, 113
Gottfried von Bouillon 61
Gracchus 38
Gregor VII., Papst 49, 57, 58

H

Hallstattzeit 13
Hamilkar Barkas 37, 38
Han-Dynastie 23, 24
Hannibal 37, 38
Harappa-Kultur 15
Hasdrubal 38
Heilige Allianz 88
Heinrich 58
Heinrich der Seefahrer 68
Heinrich der Löwe 63
Heinrich I. 54, 55, 56, 63
Heinrich II. 56

Heinrich III. 56
Heinrich IV. 49, 56, 57
Heinrich V. 57, 61
Heinrich VI. 62
Heinrich VIII. 74
Helladische Kultur 29
Hieron II., König 37
Hindenburg 103
Hitler, Adolf 97, 103, 104, 105, 106
Hochmittelalter 47, 48, 49
Homer 26
Homo erectus 6, 7, 22
Homo habilis 6, 7
Homo sapiens 5, 7, 8
Honorius 43
Hsia 23
Hügelgräber-Kultur 13
Hugenottenkrieg 69
Hus, Jan 64

I

Indogermanen 8
Induskultur 24
Innozenz III. 63
Isabella I. von Kastilien 66

J

Jean-Baptiste le Rond d'Alembert 76
Jean-Jacques Rousseau 76
Jelzin, Boris 111
Jesus 44, 45
Jin-Dynastie 24
Johannes Calvin 67, 72, 73
John Locke 78
John Wiclif 64
Jugoslawienkrieg 98
Jungsteinzeit 5, 10, 11, 18
Justinian d. Gr., Kaiser 26, 46

K

Kalliasfrieden 30
Kalter Krieg 108, 109, 110
Kant, Immanuel 77
Karl d. Gr. 46, 48, 51, 52, 53, 55, 63
Karl I. 78, 79
Karl III. 54
Karl V. 72, 73, 74
Karl VIII. 64
Karlmann 51, 52, 53
Keilschrift 20
Kleon 31
Kleopatra 18, 19, 39, 41
Kohl, Helmut 111, 112, 113
Kolping, Adolf 91
Konrad I. 54
Konrad II. 56
Konrad III. 59, 61
Konrad IV. 62
Konradin 62
Konstantin d. Gr. 43
Konstantin, Kaiser 44
Konstanzer Konzil 65
Kykladenkultur 29

L

La Tène-Kultur 14
Lenin 101
Leo I., Papst 48
Leo III., Papst 48
Leo, Papst 52
Licinius Crassus 39
Licinius, Kaiser 43
Lippmann, Walter 108
Livius 34
Lothar von Sachsen 63
Lucius Aelius Aurelius Commodus, Kaiser 42
Ludwig I. 53
Ludwig IX. 60
Ludwig XIV. 70, 79, 80, 83, 85
Lungshan-Kultur 23
Luther, Martin 67, 68, 72, 73
Lysander 31

M

M. Aemilius Lepidus 40
M. Antonius 40
M. Porcius Cato 38
Mao Tse-tung 106, 107
Marc Antonius 40
Marcus Aurelius, Kaiser 42
Marcus Brutus 40
Marcus Salvius Otho 42
Marius 39
Martin V. 65
Martin Waldseemüller 72
Marx 91, 92
Mazarin 79, 80
Megalithkultur 11, 12
Mesolithikum 5
Mesopotamien 9, 11, 15, 16
Minoische Kultur 13, 19, 21
Mittelminoische Periode 20
Mittelsteinzeit 5, 9
Modrow 111, 112
Mongoliden 8, 9, 10
Mykenische Kultur 13, 20, 21

N

Nahostkonflikt 108
Napoleon 70, 84, 85, 86, 87, 91, 93, 94
Narses 46
Neandertaler 7
Neandertalstufe 7
Negriden 8, 10
Neolithikum 5
Neolithische Revolution 10

Neolitische Kultur 29
Nero 41, 42, 44
Newton, Isaac 76
Nikiasfrieden 31, 32
Nikolaus II., Zar 99

O

Octavia 40
Octavianus 41
Odoaker 26, 27, 46
Oliver Cromwell 78
Otto d. Gr. 56
Otto I. 63
Otto I. d. Gr. 55
Otto IV. 62

P

P. Cornelius Scipio Aemilianus 38
Paläolithikum 5, 6
Papen 103
Patria 57
Perestrojka 110, 111
Perikles 30, 31
Peter von Amiens 59
Philipp II. 74
Philipp von Makedonien 33
Phönizier 21, 22
Pippin 51, 52, 53
Pizarro 68
Platon 28
Pleistozän 5
Pragmatische Sanktion 81
Putin 111
Pyränenfrieden 76

R

Ramses III. 17
Reconquista 66
René Descartes 76, 77
Richelieu 79, 80

Romulus Augustulus, Kaiser 43
Rudolf von Habsburg 64

S

Schleicher 103
Schlieffen-Plan 99
Schmalkaldischer Krieg 73
Seevölkersturm 22
Servius Sulpicius Galba 42
Shang 23
Shu-Dynastie 24
Simplicissimus 102
Sokrates 28
Spätminoische Kultur 13
Spätmittelalter 47, 49
Stalin 101, 109
Steinzeit 5
Stonehenge 12
Stresemann 103
Subsistenzwirtschaft 11
Sui 24
Sulla 39
Sumer 16
Sumerische Kultur 12

T

Theoderich 46
Theodosius, Kaiser 44, 45
Tiberius, Kaiser 36, 38, 42
Titus 42
Trotzki 101

U

Urban II., Papst 59, 60
Urnenfeld-Kultur 13, 14

V

Valens, Kaiser 45
Varro 34
Veden 24

Versailler Ordnung 100
Vertrag von Ölmütz 90
Vespasian, Kaiser 42
Vietnamkrieg 108
Viktoria, Königin 94, 95
Völkerschlacht von Leipzig 87

W
Wang Mang, Kaiser 23
Wei-Dynastie 24
Westfälischer Frieden 69
Wichern, Johann Heinrich 91
Wiedervereinigung 111, 112, 113
Wiener Kongress 70, 89, 90
Wilhelm I., Kaiser 94
Wilhelm II., Kaiser 93, 96
Wilhelm von Oranien 78
Winston Churchill 98
Wudi, Kaiser 23
Wu-Dynastie 24

X
Xerxes, König 29, 30

Y
Yangshao-Kultur 22
Yin-Dynastie 23

Z
Zwei-plus-vier-Vertrag 112
Zwingli, Ulrich 69, 72, 73